Hubertus Halbfas

Unterrichtswerk für die Grundschule

W0473363

Religionsbuch

für das dritte Schuljahr

Patmos

Inhalt

Religionen: Die Mitte der Welt, das Judentum, der Islam

Symbolverständnis: Von außen und von innen sehen

Sprachverständnis: Gleichnisse

Bibelverständnis: Die Heilige Schrift

Lesen und Verstehen

Heut haben wir ein Gedicht durchgenommen.
Zuerst hat's der Lehrer vorgelesen,
da ist es noch sehr schön gewesen.

Dann sind fünf Schüler drangekommen,
die mussten es auch alle lesen;
da war es recht langweilig gewesen.

Dann mussten drei Schüler es nacherzählen –
für eine Note; sie hatten noch keine,
da verlor das Gedicht schon Arme und Beine.

Dann wurde es ganz auseinander genommen
und jeder Vers wurde einzeln besprochen.
Das hat dem Gedicht das Genick gebrochen.

„Warum tat der Dichter dies Wort wohl wählen?
Warum benutzte er jenes nicht?"
Und schließlich: „Was lehrt uns dieses Gedicht?"

Dann mussten wir in unsere Hefte eintragen:
Das Gedicht ist ab Montag aufzusagen.
Die ersten Fünf kommen Montag dran.

Mich hat das zwar nicht weiter gestört;
Ich hab das Gedicht so oft heute gehört,
dass ich es jetzt schon auswendig kann.

Aber viele machten lange Gesichter
Und schimpften auf das Gedicht und den Dichter.
Dabei war das Gedicht zunächst doch sehr schön.

So haben wir oft schon Gedichte behandelt.
So haben wir oft schon Gedichte verschandelt.
So sollen wir lernen, sie zu verstehen.

Bernd Lunghard

Einmal kam einer und sagte zu mir:
„Komm, sei nicht widerspenstig wie
alle Widerspenstigen.
Öffne den Mund und iss, was ich dir
gebe!“
Ich schlug die Augen auf,
denn mir war wie im Traum,
und da kam eine Hand,
die sich mir entgegenstreckte,
und in der Hand
ein Buch.

Und das Buch blätterte auf
vor meinen Augen,
und es war beschrieben innen und außen,
und eine Stimme sagte:
„Iss, verschlucke dies Buch,
zerkau es, iss!
Und dann gehe
und rede vor den Menschen,
was dir auf dem Magen liegt.
Fülle dein Inneres mit diesem Buch,
fülle dein Inneres mit der ganzen Welt,
die in diesem Buch aufgeschrieben ist.
Kau und verdaue.
Nimm alles in dein Herz auf.“
Und ich nahm
und aß,
und es schmeckte süß wie Honig auf meiner Zunge.

Wenn wir nachts den Sternenhimmel anschauen, sehen wir in die Vergangenheit. Das Licht entfernter Sterne ist viele Millionen Lichtjahre zu uns unterwegs.

Das Weltall begann mit einem „Urknall" vor etwa 14 Milliarden Jahren. Niemand weiß, wie dieser Anfang ausgelöst wurde.

Vor knapp fünf Milliarden Jahren begann die Geschichte des Sonnensystems, zu dem auch unsere Erde gehört. Zunächst gab es nur eine Urwolke aus Gas. Diese Wolke wurde immer dichter und drehte sich wie ein Wirbel. Die Gasteilchen drückten aufeinander, wirbelten schneller, wurden glühend – bis sie als Feuerball aufstrahlten.

Aus dem größten Wirbel wurde die Sonne. Aus kleineren Wirbeln entstanden die Erde und die übrigen Planeten. Sie kreisen alle um die Sonne.

Die Bibel beschreibt dies alles in einem einzigen Satz:

Im Anfang erschuf Gott Himmel und Erde.
Genesis 1,1

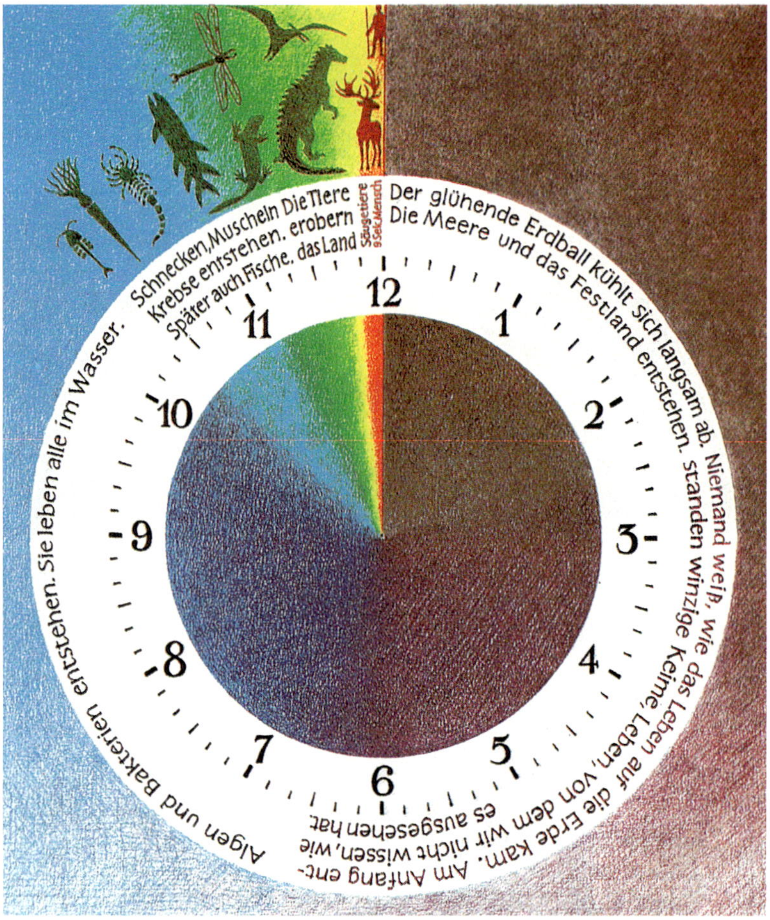

Das Leben

Die Bibel erzählt nicht, wie eins aus dem anderen hervorging: das sehen die Augen der Wissenschaft. Die Bibel erzählt, wie Kräuter und Blumen, Fische, Vögel und die Tiere des Landes aus der Hand Gottes hervorgingen. Sie sieht mit „inneren Augen".

Auf dieser „Uhr" könnt ihr ablesen, wie sich die Erde entwickelt hat.
Seit wie vielen Stunden gibt es Algen und Bakterien?
Wie lange schon Schnecken und Muscheln?
Und seit wann sind die Menschen da?

Die Erschaffung der Tiere

Und Gott sprach: „Das Wasser wimmle von lebendigen Wesen. Vögel sollen über dem Land am Himmelsgewölbe dahinfliegen!"
Gott schuf alle Arten von großen Seetieren und anderen Lebewesen, von denen das Wasser wimmelt, und alle Arten von Vögeln.
Gott sah, dass es gut war. Gott segnete sie und sprach: „Seid fruchtbar und mehret euch und bevölkert das Wasser im Meer, und die Vögel sollen sich auf dem Land vermehren." Es wurde Abend und es wurde Morgen: fünfter Tag.
Dann sprach Gott: „Das Land bringe alle Arten von lebenden Wesen hervor, von Vieh, von Kriechtieren und von Tieren des Feldes!" So geschah es.
Gott machte alle Arten von Tieren des Feldes, alle Arten von Vieh und alle Arten von Kriechtieren auf dem Erdboden.
Gott sah, dass es gut war. *Genesis 1,20-25*

Vor mehr als 20 000 Jahren haben Menschen in tief versteckten Höhlen die erste Malerei geschaffen. Um in den Bauch der Erde zu kommen, mussten sie auf Knien und Ellenbogen kriechen, manchmal auch Seen durchschwimmen. Hier malten sie – im schwachen Schein brennender Holzscheite – die Tiere ihrer Welt.

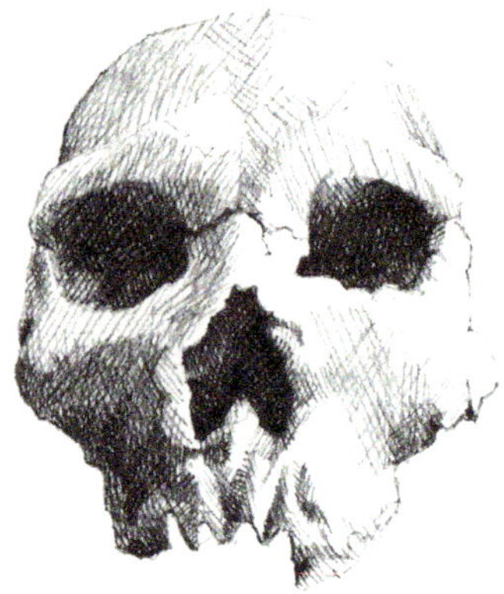

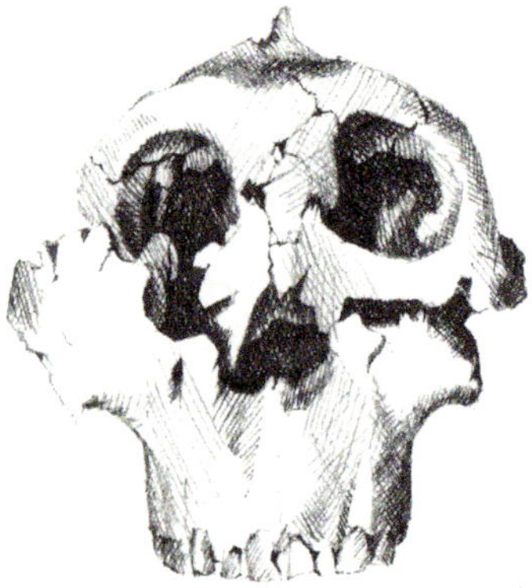

Der Mensch

Niemand weiß, wo der Weg des Menschen begann und wie lang er ist. In Afrika, in Asien, in Europa wurden Überreste früher Menschen gefunden. Wir sehen ihre Schädel – wie sie aus den Augen schauten, wissen wir nicht.

Die ältesten Menschen kannten noch kein Werkzeug. Dann lernten sie, mit einem Stein in der Hand zu arbeiten. Sie beränderten den Stein, schliffen ihn scharf, banden ihn an einen Ast. Sie entdeckten das Feuer. Sie lernten zu jagen und – viel später – Früchte anzubauen. Von Jahrtausend zu Jahrtausend lernten sie immer mehr und lernen auch heute noch jeden Tag hinzu.

Die Bibel erzählt nichts von dieser Entwicklung des Menschen. Heutige Kenntnisse haben wir von Bodenfunden. Die Bibel sieht hinter alle Entwicklungen – bis auf den Grund des Lebens. Diese Tiefe erreichen keine Ausgrabungen, sondern nur die inneren Augen. Die inneren Augen sehen, dass der Mensch von Gott kommt und göttliches Leben in seiner Seele trägt.

Die Erschaffung des Menschen

Dann sprach Gott: „Lasst uns Menschen machen als unser Abbild, uns ähnlich. Sie sollen herrschen über die Fische des Meeres, über die Vögel des Himmels, über das Vieh, über die ganze Erde und über alle Kriechtiere auf dem Land."
Gott schuf den Menschen als sein Abbild; als Abbild Gottes schuf er ihn. Als Mann und Frau schuf er sie. Gott sah alles an, was er gemacht hatte: Es war sehr gut. Es wurde Abend und es wurde Morgen: der sechste Tag.
Vollendet waren Himmel und Erde und alles, was dazu gehört. *Genesis 1,26-27. 31; 2,1*

Hier wird der Mensch ohnmächtig oder schlafend ins Leben getragen.
Wenn er auf die eigenen Füße zu stehen kommt, wird er fragen:
Woher komme ich?
Wohin gehe ich?
Wozu bin ich da?

Gibt es Antwort auf diese Fragen?

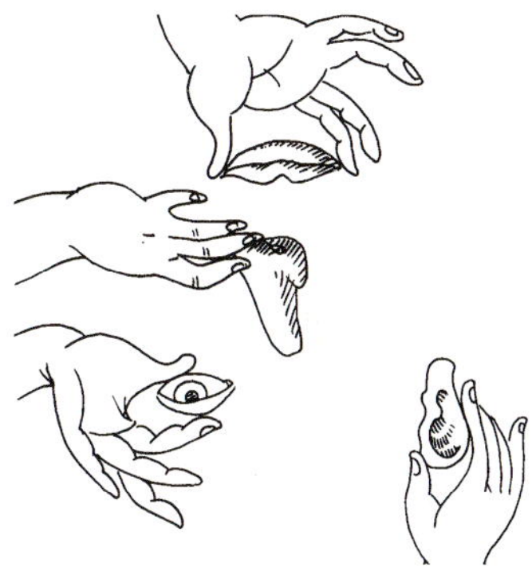

Wer hat sich eigentlich das Aussehen des allerersten Menschen ausgedacht?

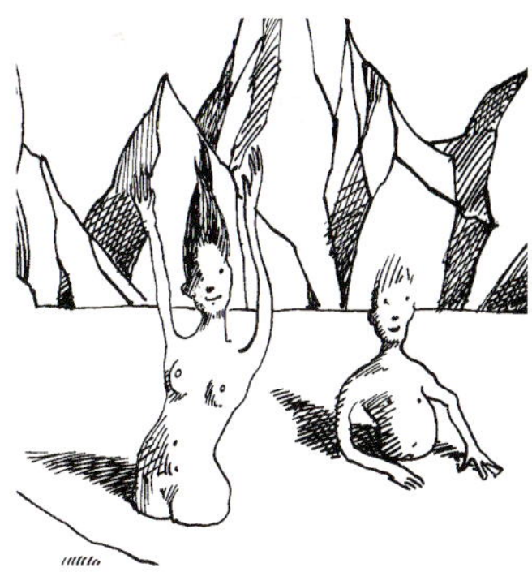

Stell dir vor, wir würden wie Gemüse aus der Erde wachsen …

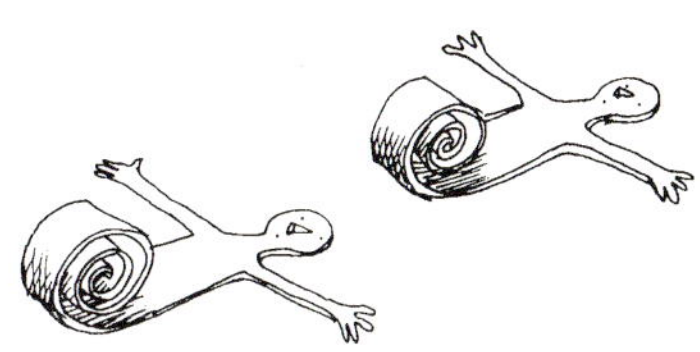

Oder vom Fließband kommen …

Mann und Frau

Dann sprach Gott, der Herr: „Es ist nicht gut, dass der Mensch allein bleibt. Ich will ihm eine Hilfe machen, die ihm entspricht."
Da ließ Gott, der Herr, einen tiefen Schlaf auf den Menschen fallen, nahm eine seiner Rippen und bildete aus der Rippe, die er vom Menschen genommen hatte, eine Frau und führte sie dem Menschen zu. Und der Mensch sprach: „Das endlich ist Bein von meinem Bein und Fleisch von meinem Fleisch."
Darum verlässt der Mann Vater und Mutter und bindet sich an seine Frau und sie werden eins.

Genesis 2,18.21-24

Dieses Foto wurde um 1920 gemacht: Ein Mann, eine Frau und ihr Kind auf den kühlen Feuerland-Inseln. Sie lebten genau so wie Jahrtausende zuvor. Kleidung zu weben war ihnen unbekannt. Sie wärmten sich mit Fellen. Wenn die nass wurden, froren sie.
Aber seht nur, wie würdevoll sie sind! Wie geborgen ihr Kind ist!
Liebe hat auch viele tausend Jahre vor uns die Menschen verbunden und getröstet.

Dieses Gemälde von Marc Chagall erzählt ähnlich wie die Bibel, dass Mann und Frau zusammengehören und miteinander eins sind.
Ebenso sieht es eine alte griechische Sage: Ursprünglich sollen die Menschen „eine runde Gestalt" gehabt haben, die aber wegen ihres Hochmuts zerschnitten wurde „wie man Beeren zerschneidet". Seitdem ist jeder nur noch eine „Halbmarke von Mensch", aber sehnt sich danach als Mann und Frau wieder ein ganzer Mensch zu werden.

Wie Uhrzeiger auf der Weltenuhr sind hier Mann und Frau ein zweieiniges Paar. Keiner ist vor dem anderen da. Zusammen sind sie „der Mensch".

Das Leben der frühen Menschheit war immer schwer, die Erde rau und gefährlich. Niemand lebte bequem. Die Menschen kannten Hunger, Kampf und Tod.
Kann man ein solches Dasein „Paradies" nennen?
Dennoch erzählt die Bibel, dass der Mensch im Paradies gewesen sei. Sie meint damit einen unsichtbaren „Garten", in dem die Liebe blüht: Die Liebe zwischen Gott und den Menschen und die Liebe der Menschen untereinander.
Nach einem solchen Paradies sehnen sich die Menschen immer. Wer möchte nicht in den Armen Gottes leben, beschützt und erfüllt von Liebe?

Das Paradies

Dann legte Gott, der Herr, in Eden, im Osten, einen Garten an und setzte dorthin den Menschen, den er geformt hatte.
Gott, der Herr, ließ aus dem Ackerboden allerlei Bäume wachsen, verlockend anzusehen und mit köstlichen Früchten, in der Mitte des Gartens aber den Baum des Lebens und den Baum der Erkenntnis von Gut und Böse.

Ein Strom entspringt in Eden, der den Garten bewässert; dort teilt er sich und wird zu vier Hauptflüssen.

Gott, der Herr, nahm also den Menschen und setzte ihn in den Garten von Eden, damit er ihn bebaue und hüte.
Dann gebot Gott, der Herr, dem Menschen: „Von allen Bäumen des Gartens darfst du essen, doch vom Baum der Erkenntnis von Gut und Böse darfst du nicht essen; denn sobald du davon isst, wirst du sterben." *Genesis 2,8-16*

Wisst ihr,
wo die Stellen sind, wo
Gott erscheint?
Oder wo so etwas Schönes
erscheint,
wie es in Jesus erschien?

Wisst ihr, wo das
geschieht?
Das geschieht immer da,
wo ein Mensch zurücktritt.
Wo einer sich dünn macht.
(Das Gegenteil von
sich dünn machen
ist sich breit machen.)

Wo einer
hauchdünn wird,
durchsichtig wird,
da
ist die Stelle,
wo
Gott durchscheint.

Für diese Art Erscheinung
muss man sehen können.
Manche schlagen für diese
Art Erscheinung
noch nicht die Augen auf,
sind unfähig
für das, was das Leben
ausmacht.

Ja, ja, das Leben,
was nennt man nicht alles
Leben?

Der fremde Gast

Der Herr erschien Abraham bei den Eichen von Mamre. Abraham saß zur Zeit der Mittagshitze am Zelteingang. Er blickte auf und sah vor sich drei Männer stehen. Als er sie sah, lief er ihnen vom Zelteingang aus entgegen, warf sich zur Erde nieder und sagte: „Mein Herr, wenn ich dein Wohlwollen gefunden habe, geh doch an deinem Knecht nicht vorbei! Man wird etwas Wasser holen; dann könnt ihr euch die Füße waschen und euch unter dem Baum ausruhen. Ich will einen Bissen Brot holen und ihr könnt dann nach einer kleinen Stärkung weitergehen; denn deshalb seid ihr doch bei eurem Knecht vorbeigekommen." Sie erwiderten: „Tu, wie du gesagt hast."

Da lief Abraham eiligst ins Zelt zu Sara und rief: „Schnell drei Maß feines Mehl! Rühr es an und backe Brotfladen!"
Er lief weiter zum Vieh, nahm ein zartes, prächtiges Kalb und übergab es dem Jungknecht, der es schnell zubereitete. Dann nahm Abraham Butter, Milch und das Kalb, das er hatte zubereiten lassen, und setzte es ihnen vor. Er selbst stand unter dem Baum, um sie zu bedienen.

Genesis 18,1-8

Die Himmelsleiter

Jakob zog aus von Berscheba und ging auf Charan zu und geriet an jenen Ort.
Er musste dort nächtigen, denn die Sonne war eingegangen. Er nahm einen von den Steinen des Orts und richtete ihn für sein Haupt und legte sich hin am selben Ort.

Und ihm träumte:
Da, eine Leiter gestellt auf die Erde,
ihr Haupt an den Himmel rührend,
und da, Boten Gottes steigen auf, schreiten an ihr nieder.
Und da
stand Er über ihm
und sprach:
„Ich bin's,
der Gott deines Vaters Abraham und der Gott Isaaks.
Ich da bin bei dir,
ich will dich hüten, wo all hin du gehst,
und ich will dich heimkehren lassen zu diesem Boden,
ja, ich verlasse dich nicht,
bis ich tat, was ich zu dir geredet habe."

Jakob erwachte aus seinem Schlaf
und sprach:
„So denn,
Er ist an diesem Ort,
und ich, ich wusste es nicht!"
Er erschauerte und sprach:
„Wie schauerlich ist dieser Ort!
Dies ist kein andres als ein Haus Gottes
und dies ist das Tor des Himmels."

Er rief den Namen jenes Ortes Bet-El,
Haus der Gottheit.

Genesis 28, 10-13a. 15-17. 19

Auf dem Bild von Marc Chagall liegt Jakob auf der Erde mit geschlossenem Auge. Er hat ein Traumgesicht. Aus ihm wächst ein blühender Baum, leuchtend im Licht. Vor ihm eine dunkle Höhle. Engel rücken eine Leiter dorthin. Erklärt das Bild die Geschichte? Erklärt die Geschichte das Bild? Die Himmelsleiter kann an vielen Orten stehen. Könnt ihr einige nennen?

Marc Chagall

Die nebenstehende Geschichte gab es anfangs in zwei verschiedenen Erzählformen. In der Bibel wurden beide Erzählfäden (Quellen) ineinander geflochten: Hier und da wurde auch etwas weggelassen.

Auf dieser Seite haben wir die Erzählfäden wieder entflochten. In roter Schrift liegt die älteste Fassung vor, in blauer Schrift die spätere Erzählform.
Ihr könnt jede Quelle für sich lesen und beide dann miteinander vergleichen.

Der Auszug

Der Herr zog vor ihnen her, bei Tag in einer Wolkensäule, um ihnen den Weg zu zeigen, bei Nacht in einer Feuersäule, um ihnen zu leuchten. So konnten sie Tag und Nacht unterwegs sein. Die Wolkensäule wich bei Tag nicht von der Spitze des Volkes und die Feuersäule nicht bei Nacht.
Der Herr sprach zu Mose: „Ich will das Herz des Pharao verhärten, sodass er ihnen nachjagt; dann will ich am Pharao und an seiner ganzen Streitmacht meine Herrlichkeit erweisen und die Ägypter sollen erkennen, dass ich der Herr bin. “
Als man dem König von Ägypten meldete, das Volk sei geflohen, änderten der Pharao und seine Diener ihre Meinung über das Volk und sagten: „Wie konnten wir nur Israel aus unserem Dienst entlassen!" Er ließ seinen Streitwagen anspannen und nahm seine Leute mit.
Der Herr verhärtete das Herz des Pharao, des Königs von Ägypten, sodass er den Israeliten nachjagte, während sie voll Zuversicht weiterzogen.
Die Ägypter jagten hinter ihnen her – sie holten sie ein, als sie gerade am Meer lagerten. Als der Pharao sich näherte,
da blickten die Israeliten auf und sahen plötzlich die Ägypter von hinten anrücken. Da erschraken die Israeliten sehr.
Da schrien sie zum Herrn.
Zu Mose sagten sie: „Gab es denn keine Gräber in Ägypten, dass du uns zum Sterben in die Wüste holst? Was hast du uns da angetan? Warum hast du uns aus Ägypten herausgeführt? Haben wir dir in Ägypten nicht gleich gesagt: ‚Lass uns in Ruhe!' Wir wollen Sklaven der Ägypter bleiben; denn es ist für uns immer noch besser, Sklaven der Ägypter zu sein, als in der Wüste zu sterben." Mose aber sagte zum Volk: „Fürchtet euch nicht! Bleibt stehen und schaut zu, wie der Herr euch heute rettet. Wie ihr die Ägypter heute seht, so seht ihr sie niemals wieder. Der Herr kämpft für euch, ihr aber könnt ruhig abwarten."

Der Herr sprach zu Mose: „Was schreist du zu mir? Sag den Israeliten, sie sollen aufbrechen. Und du heb deinen Stab hoch, streck deine Hand über das Meer und spalte es, damit die Israeliten auf trockenem Boden in das Meer ziehen können. Ich aber will das Herz der Ägypter verhärten, damit sie hinter ihnen hineinziehen."
Der Engel Gottes, der den Zug der Israeliten anführte, erhob sich und ging an das Ende des Zuges und die Wolkensäule vor ihnen erhob sich und trat an das Ende. Sie kam zwischen das Lager der Ägypter und das Lager der Israeliten. Die Wolke war da und Finsternis und Blitze erhellten die Nacht. So kamen sie die ganze Nacht einander nicht näher.
Mose streckte seine Hand über das Meer aus und der Herr trieb die ganze Nacht das Meer durch einen starken Ostwind fort. Er ließ das Meer austrocknen und das Wasser spaltete sich. Die Israeliten zogen auf trockenem Boden ins Meer hinein, während rechts und links von ihnen das Wasser wie eine Mauer stand. Die Ägypter setzten ihnen nach und zogen hinter ihnen ins Meer hinein. *Nach Exodus 13,21-14,23*

Auf diesem Bild von Marc Chagall ist Mose zweimal zu sehen. Rechts kniet er vor dem brennenden Dornbusch. Darüber ein farbiger Lichtkreis, in dem ein Engel auf Gott verweist. Mose hört die Worte: „Ich bin bei dir!"
Auf der linken Seite sehen wir Mose noch einmal. Er hat die Gesetzestafeln vor Augen. Sein Gesicht leuchtet, weil der Glanz Gottes darauf liegt. Zusammen mit dem Volk Israel bildet er einen Leib. Doch unterhalb der Wolke setzt sich die Mose-Israel-Gestalt fort: Israel und Ägypten, Freund und Feind bilden eine einzige Figur.
Das Bild regt viele Gedanken und Gespräche an.

Ich bin ein verzehrendes
Feuer,
sagt Gott.
Stell dich zwischen diese
Felsen,
sonst gehst du zugrunde.
Allein von hinten
kannst du schauen,
meines Mantels letzten
Saum.

Da wurden des Mose Augen
gehalten, damit sie nicht
erblinden,
damit sein Herz nicht
zerspringe
vor Schreck und Seligkeit.

Als er wieder aufsah,
sah er den Rücken Gottes
überall.
Was ist der Rücken Gottes?
Sein Mantelsaum?
Was ist er nicht?

Tag und Nacht.
Freude und Leid,
diese und jede andere Zeit,
zeigen verhüllt nur
Gottes Herrlichkeit.

Der Rücken Gottes

Mose sprach zu Jahwe:
„Lass mich doch deine Herrlichkeit sehen!"

Er sprach:
„Mein Antlitz kannst du nicht sehen,
denn nicht sieht mich der Mensch und lebt."

Er sprach:
„Hier ist Raum
bei mir.
Stell dich auf den Felsen:
Wenn dann meine Herrlichkeit vorübergeht,
setze ich dich in eine Kluft des Felsens
und schirme meine Hand über dich,
bis ich vorüber bin.

Hebe ich dann meine Hand weg,
siehst du meinen Rücken,
aber mein Angesicht kann niemand sehen."

Exodus 33,18.20-23

Das Schweigen

Auf seiner Flucht ging Elija in die Wüste hinein, einen Tagesweg, setzte sich unter einen einsamen Ginsterbusch und wünschte zu sterben. Er sprach: „Nun ist's genug, du, nimm meine Seele, ich bin ja nicht besser als meine Väter." Er legte sich hin und entschlief unter dem einsamen Ginsterbusch.
Da rührte ein Bote ihn an, der sprach zu ihm: „Erheb dich, iss." Er blickte sich um, da, zu seinen Häuptern ein Glühsteinbrot und ein Krug Wasser. Er aß und trank und legte sich wieder hin.
Aber sein Bote kehrte wieder und rührte ihn an und sprach: „Erheb dich, iss, genug noch hast du des Wegs." Er erhob sich, aß und trank und ging in der Kraft dieser Speise vierzig Tage und Nächte bis zum Berge Gottes. Dort kam er in die Höhle und wollte nächtigen. Da, seine Rede an ihn: „Was willst du hier, Elija? Heraus! Steh hin auf den Berg vor mein Antlitz!"
Er im Sturm nicht – und nach dem Sturm ein Beben:
Er im Beben nicht – und nach dem Beben ein Feuer:
Er im Feuer nicht – aber nach dem Feuer
eine Stimme verschwebenden Schweigens.

Es geschah, als Elija hörte: er verhüllte sein Antlitz mit seinem Mantel und trat hinaus, stand am Eingang der Höhle.

Nach 1 Könige 19,4-9.11-13

Wenn es ganz still wird,
dann können wir dich
hören,
Gott, dann erscheinst du
wie ein Funke,
wie ein leises Wort.
Gott, du erscheinst nicht
großmächtig und laut,
du erscheinst eher
in einer Träne,
in einer einzelnen Träne,
die einer schnell wegwischt
aus Scham.
Gott,
du erscheinst auf Stroh,
du erscheinst in der
Schulpause,
du erscheinst
wie der Dieb in der Nacht.
Hilf, dass wir dich nicht
übersehen, wenn du in
einer rasch weggewischten
Träne erscheinst.

Die Gebote

Im dritten Monat nach dem Auszug der Israeliten aus Ägypten – am heutigen Tag – kamen sie in der Wüste Sinai an. Dort lagerte Israel gegenüber dem Berg. Mose stieg zu Gott hinauf. Da rief ihm der Herr vom Berg her zu: „Das sollst du den Israeliten sagen: Ihr habt gesehen, wie ich euch auf Adlerflügeln getragen und hierher zu mir gebracht habe. Jetzt aber, wenn ihr auf meine Stimme hört und meinen Bund haltet, werdet ihr unter allen Völkern mein besonderes Eigentum sein."

Mose ging und rief das Volk zusammen. Er legte ihnen alles vor, was der Herr ihm aufgetragen hatte. Das ganze Volk antwortete einstimmig und erklärte: „Alles, was der Herr gesagt hat, wollen wir tun. "

Am dritten Tag, im Morgengrauen, begann es zu donnern und zu blitzen. Schwere Wolken lagen über dem Berg und gewaltiger Hörnerschall erklang. Das Volk im Lager zitterte. Mose führte es aus dem Lager hinaus Gott entgegen. Unten am Berg blieben sie stehen. Der Sinai war in Rauch gehüllt, denn der Herr war im Feuer auf ihn herabgestiegen. Der Rauch stieg vom Berg auf wie Rauch aus einem Schmelzofen. Der ganze Berg bebte gewaltig und der Hörnerschall wurde immer lauter. Mose redete und Gott antwortete im Donner.

Mose zeigt dem Volk Israel die Gesetzestafeln. Über den Tafeln erstrahlt der Siebenarmige Leuchter, Menora genannt, ein Lebens- und Lichterbaum. Alle auf dem Bild verstehen das Gesetz als Lebensweisung und Lebensfreude.

Dann sprach Gott alle diese Worte:
„Ich bin Jahwe, dein Gott, der dich aus Ägypten geführt hat, aus dem Sklavenhaus.
(1) Du sollst dir kein Gottesbild machen. Du sollst dich nicht vor anderen Göttern niederwerfen und ihnen nicht dienen.
(2) Du sollst den Namen deines Gottes nicht missbrauchen.
(3) Gedenke des Sabbats: Halte ihn heilig! Sechs Tage darfst du schaffen und jede Arbeit tun. Der siebte Tag ist ein Ruhetag, dem Herrn, deinem Gott, geweiht. An ihm darfst du keine Arbeit tun:

Mose empfängt die Gesetzestafeln. Seine Gestalt ist übergroß. Unter ihm der Berg und das Volk, um ihn herum das Licht des Himmels, über ihm der Bereich Gottes, aus dem er das Gesetz empfängt. Ein Engel trägt die Torarolle zur Erde. Hinter Mose wartet das Volk Israel; vor ihm, der Mann im violetten Gewand mit der Menora, ist der Bruder des Mose, Aaron, der später den Tempeldienst übernehmen soll.

du, dein Sohn und deine Tochter, dein Sklave und deine Sklavin, dein Vieh und der Fremde, der in deinen Stadtbereichen Wohnrecht hat.
(4) Ehre deinen Vater und deine Mutter. So wirst du lange leben in dem Land, das der Herr, dein Gott, dir gibt.
(5) Du sollst nicht morden.
(6) Du sollst nicht die Ehe brechen.
(7) Du sollst nicht stehlen.
(8) Du sollst nicht falsch gegen deinen Nächsten aussagen.
(9) Du sollst nicht nach dem Haus deines Nächsten verlangen.
(10) Du sollst nicht nach der Frau deines Nächsten verlangen, nach seinem Sklaven oder seiner Sklavin, seinem Rind oder seinem Esel oder nach irgendetwas, das deinem Nächsten gehört."

Da sagte Mose zum Volk: „Fürchtet euch nicht! Gott ist gekommen, um euch auf die Probe zu stellen. Die Furcht vor ihm soll über euch kommen, damit ihr nicht sündigt."

Nach Exodus 19,1-5.7-8.16-19; 20,1-20

Überlege:
Was erwarte ich von anderen?
Was dürfen andere von mir erwarten?

Ergänze:
Ich wünsche …
Ich fürchte …
Ich will nicht …
Ich erwarte …
Ich achte darauf …

Die Botschaft Jesu

Die Welt, in der Jesus lebte, war Galiläa. Sie heißt auch heute noch so. Sie war klein und überschaubar. Es gab viele Dörfer. Die Leute waren arm und lebten von ihren Feldern und Tieren.
Jesus kam aus kleinen Verhältnissen und wandte sich an seinesgleichen: an Bauern, Fischer und Handwerker, an Kranke und Arme, an solche, die elend dran waren und nichts zu lachen hatten.

Was er ihnen verkündete, war die Botschaft von einer neuen Ordnung des Lebens.

Er sagte: „Nun ist die Zeit da. Das Reich Gottes ist nahe!" *Markus 1,15*

Mit „Reich Gottes" meinte er kein bestimmtes Land, auch keine Herrschaft mit einem König, einem Palast und Soldaten. Er sprach vom Einfluss Gottes im alltäglichen Leben:

„Mit dem Himmelreich ist es wie mit dem Sauerteig, den eine Frau unter einen großen Trog Mehl mischte, bis das Ganze durchsäuert war." *Matthäus 13,33*

Wenn im Matthäusevangelium „Himmelreich" gesagt wird, so ist doch nichts anderes als das Reich Gottes gemeint. Das Reich Gottes auf Erden ist jetzt und hier, wo wir leben.
Allerdings, meinte Jesus, muss man das Reich Gottes auch wollen, so entschieden wie dieser Mann:

„Mit dem Himmelreich ist es wie mit einem Kaufmann, der schöne Perlen suchte. Als er eine besonders wertvolle Perle fand, verkaufte er alles, was er besaß, und kaufte sie." *Matthäus 13,45-46*

Als Jesus gefragt wurde, wann das Reich Gottes denn komme, sagte er:

„Das Reich Gottes kommt nicht so, dass man es an äußeren Zeichen erkennen könnte. Man kann auch nicht sagen: Seht, hier ist es! Denn: Das Reich Gottes ist schon mitten unter euch." *Lukas 17,20*

Jesus sagte: „Womit sollen wir das Reich Gottes vergleichen, mit welchem Gleichnis sollen wir es beschreiben? Es gleicht einem Senfkorn. Dieses ist das kleinste von allen Samenkörnern, die man in die Erde sät. Ist es aber gesät, dann geht es auf und wird größer als alle anderen Gewächse und treibt große Zweige, so dass in seinem Schatten die Vögel des Himmels nisten können" (→ S. 84).

Er meinte, wenn man in der Welt auch nur wenig vom Reich Gottes sieht, weil es nicht mit Macht und Herrschaft einherkommt, so soll doch niemand verzagen, es setzt sich still, aber beständig durch.

Wenn Jesus sich mit allerlei Menschen an einem Tisch zusammensetzte, war dies für ihn ein Bild des Reiches Gottes. Es sollte jeder teilnehmen können, Männer und Frauen in einer bunten Reihe: Arme und Reiche, Angesehene und Missachtete, Fromme und Sünder. Keine Mahlgemeinschaft für ausgewählte Gäste, sondern offene Tischgemeinschaft für alle, selbst für die von den Rändern der Gesellschaft, von den Hecken und Zäunen.
Ganz besonders sollten die Armen dem Reich Gottes zugehören:

„Selig, ihr Armen, denn euch gehört das Reich Gottes. Selig, die ihr jetzt hungert, denn ihr werdet satt werden. Selig, die ihr jetzt weint, denn ihr werdet lachen." *Lukas 6,20-21*

Den Hilflosen und Ohnmächtigen, selbst den Nichtsnutzen sagte er, dass die Liebe Gottes ihnen gilt; dass sie nicht abgeschrieben sind, sondern dem Reich Gottes zugehören.

Auch den Kindern sprach er das Reich Gottes zu. Damals galten Kinder nicht viel.

Man brachte Kinder zu ihm, damit er ihnen die Hände auflegte. Die Jünger aber wiesen die Leute schroff ab. Als Jesus das sah, wurde er unwillig und sagte zu ihnen: „Lasst die Kinder zu mir kommen; hindert sie nicht daran! Denn Menschen wie ihnen gehört das Reich Gottes."

Lukas 18,15-16

Priester und Levit hatten etwa zweimal im Jahr Tempeldienst. Daneben konnten sie auch andere Berufe und Wohnorte haben. Ihre Aufgaben waren Dienste am Brandopferaltar, aber auch der Vortrag aus den Heiligen Schriften.

Für Priester und Levit war der Ort Gottes im Tempel zu Jerusalem. Auf der gefährlichen Straße von Jerusalem nach Jericho haben sie ihn nicht vermutet. Sie wollten Gott am Altar dienen, aber den Alltag, die Straße und das Opfer eines Überfalls klammerten sie aus ihrem Gottesdienst aus.

Das Beispiel vom barmherzigen Samariter

Da stand ein Gesetzeslehrer auf, und um Jesus auf die Probe zu stellen, fragte er ihn: „Meister, was muss ich tun, um das ewige Leben zu gewinnen?"
Jesus sagte zu ihm: „Was steht im Gesetz? Was liest du dort?" Er antwortete: „Du sollst den Herrn, deinen Gott, lieben mit ganzem Herzen und ganzer Seele, mit all deiner Kraft und all deinen Gedanken, und: Deinen Nächsten sollst du lieben wie dich selbst."
Jesus sagte zu ihm: „Du hast richtig geantwortet. Handle danach und du wirst leben."
Der Gesetzeslehrer wollte seine Frage rechtfertigen und sagte zu Jesus: „Und wer ist mein Nächster?"

Darauf antwortete ihm Jesus: „Ein Mann ging von Jerusalem nach Jericho hinab und wurde von Räubern überfallen. Sie plünderten ihn aus und schlugen ihn nieder; dann gingen sie weg und ließen ihn halb tot liegen.

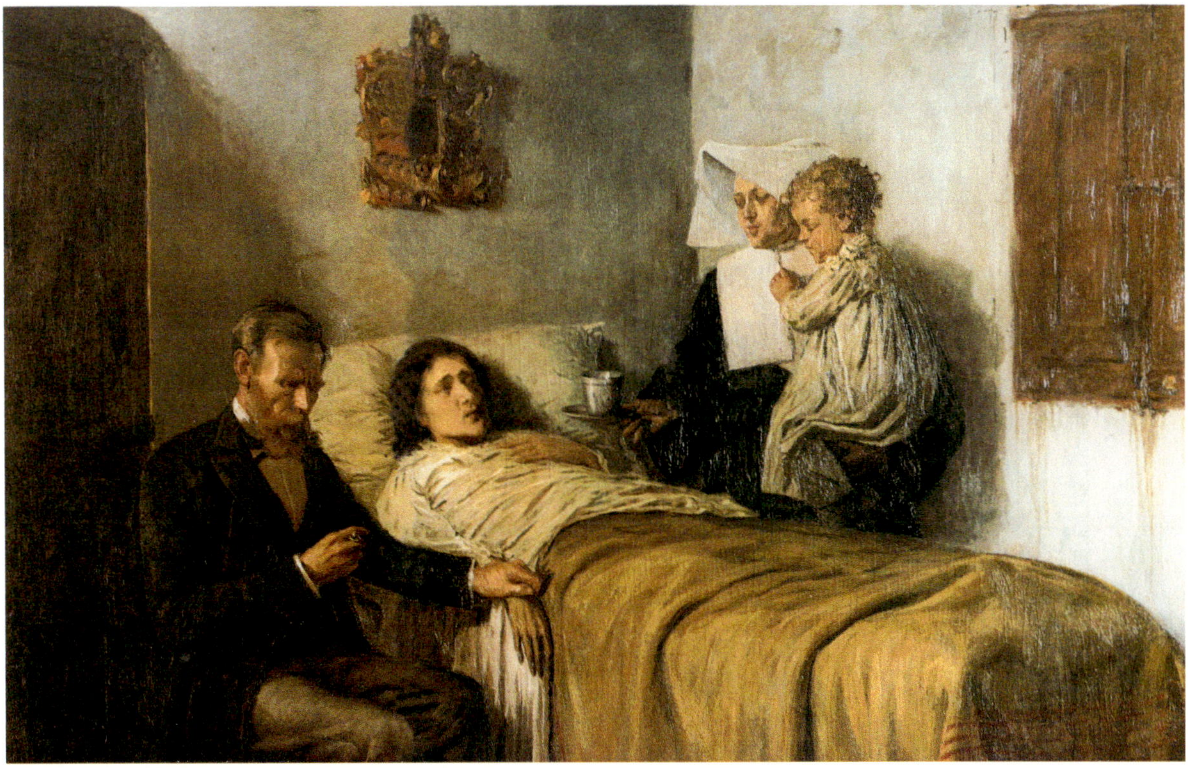

Zufällig kam ein Priester denselben Weg herab; er sah ihn und ging weiter. Auch ein Levit kam zu der Stelle; er sah ihn und ging weiter.
Dann kam ein Mann aus Samarien, der auf der Reise war. Als er ihn sah, hatte er Mitleid, ging zu ihm hin, goss Öl und Wein auf seine Wunden und verband sie. Dann hob er ihn auf sein Reittier, brachte ihn zu einer Herberge und sorgte für ihn. Am andern Morgen holte er zwei Denare hervor, gab sie dem Wirt und sagte: ‚Sorge für ihn, und wenn du mehr für ihn brauchst, werde ich es dir bezahlen, wenn ich wiederkomme.'

Was meinst du: Wer von diesen dreien hat sich als der Nächste dessen erwiesen, der von den Räubern überfallen wurde?"
Der Gesetzeslehrer antwortete: „Der, der barmherzig an ihm gehandelt hat." Da sagte Jesus zu ihm: „Dann geh und handle genauso!" *Lukas 10,25-37*

Was ist falsch daran?
Falsch ist, dass sie Gott aus dem Alltag, von der Straße und dem Unvermuteten ausschließen.
Falsch ist, dass sie die Liebe zu Gott nicht mit der Liebe zu dem Hilflosen verbinden.

Für wen habe ich ein offenes Herz?

Die Berufung

Als Jesus am See von Galiläa entlangging, sah er Simon und Andreas, den Bruder des Simon, die auf dem See ihr Netz auswarfen; sie waren nämlich Fischer. Da sagte er zu ihnen: „Kommt her, folgt mir nach! Ich werde euch zu Menschenfischern machen."

Sogleich ließen sie ihre Netze liegen und folgten ihm. Als er ein Stück weiterging, sah er Jakobus, den Sohn des Zebedäus, und seinen Bruder Johannes; sie waren im Boot und richteten ihre Netze her. Sofort rief er sie und sie ließen ihren Vater Zebedäus mit seinen Tagelöhnern im Boot zurück und folgten Jesus nach. *Markus 1,16-20*

Jesus ging wieder hinaus an den See. Da kamen Scharen von Menschen zu ihm und er lehrte sie. Als er weiterging, sah er Levi, den Sohn des Alphäus, am Zoll sitzen und sagte zu ihm: „Folge mir nach!" Da stand Levi auf und folgte ihm. *Markus 2,13-14*

Auch heute gibt es Jünger Jesu, die mit ihm ins Boot steigen. Das gegenüberstehende Bild zeigt Erzbischof Oscar Romero (1917–1980), Pater Maximilian Kolbe (1894–1941) und den Pfarrer Martin Luther King (1929–1968). Sie alle wurden ermordet. Darauf verweist die umgekehrte Kreuzigung. Sie rahmen den „Buchschlucker" ein, der Jesu Worte ganz in sich aufnimmt. Auch der Clown, der dem Schaf einen kranken Fuß verbunden hat, und der Junge mit dem Käuzchen wollen dem Leben dienen.

Als sie auf ihrem Weg weiterzogen, redete ein Mann Jesus an und sagte: „Ich will dir folgen, wohin du auch gehst." Jesus antwortete ihm: „Die Füchse haben ihre Höhlen und die Vögel ihre Nester; der Menschensohn aber hat keinen Ort, wo er sein Haupt hinlegen kann."

Zu einem anderen sagte er: „Folge mir nach!" Der erwiderte: „Lass mich zuerst heimgehen und meinen Vater begraben." Jesus sagte zu ihm: „Lass die Toten ihre Toten begraben; du aber geh und verkünde das Reich Gottes!" *Matthäus 8,19-22*

Wieder ein anderer sagte: „Ich will dir nachfolgen, Herr. Zuvor aber lass mich von meiner Familie Abschied nehmen." Jesus erwiderte ihm: „Keiner, der die Hand an den Pflug gelegt hat und nochmals zurückblickt, taugt für das Reich Gottes."

Lukas 9,62

Unterschiedliche Menschen drängen sich hier in einem Boot: vorne links Papst Johannes XXIII., daneben der französische Tänzer und Schauspieler Marcel Marceau, Mutter Teresa, Franz von Assisi mit dem Wolf und ganz unten Hermann Gmeiner, der die SOS-Kinderdörfer gegründet hat. Aber wo ist Jesus? Er ist nicht körperlich, sondern als Auferstandener dabei.

Der Seesturm

Jesus stieg in das Boot und seine Jünger folgten ihm. Plötzlich brach auf dem See ein gewaltiger Sturm los, sodass das Boot von den Wellen überflutet wurde. Jesus aber schlief. Da traten sie zu ihm und weckten ihn und schrien: „Herr, rette uns, wir gehen zugrunde!" Er sagte zu ihnen: „Warum habt ihr solche Angst, ihr Kleingläubigen?" Dann stand er auf, drohte den Winden und dem See und es trat völlige Stille ein. Die Leute aber staunten und sagten: „Was ist das für ein Mensch, dass ihm sogar die Winde und der See gehorchen?" *Matthäus 8,23-27*

Der Seewandel

In der vierten Nachtwache kam Jesus zu ihnen; er ging auf dem See. Als ihn die Jünger über den See kommen sahen, erschraken sie, weil sie meinten, es sei ein Gespenst, und sie schrien vor Angst. Doch Jesus begann mit ihnen zu reden und sagte: „Habt Vertrauen, ich bin es; fürchtet euch nicht!" Darauf erwiderte ihm Petrus: „Herr, wenn du es bist, so befiehl, dass ich auf dem Wasser zu dir komme." Jesus sagte: „Komm!" Da stieg Petrus aus dem Boot und ging über das Wasser auf Jesus zu. Als er aber sah, wie heftig der Wind war, bekam er Angst und begann unterzugehen. Er schrie: „Herr, rette mich!" Jesus streckte sofort die Hand aus, ergriff ihn und sagte zu ihm: „Du Kleingläubiger, warum hast du gezweifelt?" Und als sie ins Boot gestiegen waren, legte sich der Wind. *Matthäus 14,22.25-32*

Über das Wasser gehen – was heißt das?

Ein See ist tief. Er kann verschlingen. Wer dennoch über das Wasser geht, überwindet Gefahr, Angst und gar den Tod.

Wenn einer den „Wind" mehr beachtet als sein Ziel, wird er untergehen. Wer ganz seinem Ziel gehört, kann „über das Wasser gehen".

Könnt ihr diese Geschichte in euer Leben übersetzen?

Die Speisung

Als Jesus all das hörte, fuhr er mit dem Boot in eine einsame Gegend, um allein zu sein. Aber die Leute in den Städten hörten davon und gingen ihm zu Fuß nach. Als er ausstieg und die vielen Menschen sah, hatte er Mitleid mit ihnen und heilte die Kranken, die bei ihnen waren.
Als es Abend wurde, kamen die Jünger zu ihm und sagten: „Der Ort ist abgelegen und es ist schon spät geworden. Schick doch die Menschen weg, damit sie in die Dörfer gehen und sich etwas zu essen kaufen können." Jesus antwortete: „Sie brauchen nicht wegzugehen. Gebt ihr ihnen zu essen!" Sie sagten zu ihm: „Wir haben nur fünf Brote und zwei Fische bei uns." Darauf antwortete er: „Bringt sie her!" Dann ordnete er an, die Leute sollten sich ins Gras setzen. Und er nahm die fünf Brote und die zwei Fische, blickte zum Himmel auf, sprach den Lobpreis, brach die Brote und gab sie den Jüngern; die Jünger aber gaben sie den Leuten, und alle aßen und wurden satt. Als die Jünger die übrig gebliebenen Brotstücke einsammelten, wurden zwölf Körbe voll.

Matthäus 14,13-20

Da erging das Wort des Herrn an Elija: „Mach dich auf und geh nach Sarepta." Er machte sich auf und ging nach Sarepta. Als er an das Stadttor kam, traf er dort eine Witwe, die Holz auflas. Er bat sie: „Bring mir in einem Gefäß ein wenig Wasser zum Trinken!" Als sie wegging, um es zu holen, rief er ihr nach: „Bring mir auch einen Bissen Brot mit!" Doch sie sagte: „Ich habe nichts mehr vorrätig als eine Hand voll Mehl im Topf und ein wenig Öl im Krug." Elija entgegnete ihr: „Fürchte dich nicht! Geh heim und tu, was du gesagt hast. Nur mache zuerst für mich ein kleines Gebäck und bring es zu mir heraus! Danach kannst du für dich und deinen Sohn etwas zubereiten." Sie ging und tat, was Elija gesagt hatte. Der Mehltopf wurde nicht leer und der Ölkrug versiegte nicht.

1 Könige 17,8-16

Durch die Speisung der vielen Menschen zeigt Jesus, dass sich Gott in wunderbarer Weise unserer Bedürftigkeit annimmt. So ist auch Christus im Brot der Eucharistie unbegrenzt verteilbar.
Der Maler Kokoschka hat sein Bild genannt: „Christus hilft den hungernden Kindern". Wie ist das Bild zu verstehen? Was hat es mit der Aufforderung Jesu an die Jünger zu tun: „Gebt ihr ihnen zu essen!"?

Als Nikolaus Bischof von Myra war, brach eine grausame Hungersnot aus. Da hörte der Heilige, dass im Hafen ein Schiff mit einer Weizenladung liege, das nach Rom wolle. Er eilte hin und bat den Kapitän, ihm hundert Sack Weizen zu geben, um die Menschen seiner Stadt zu retten. Der Kapitän sagte: „Das Korn ist zu Alexandria gemessen und für die kaiserlichen Lager bestimmt." Nikolaus darauf: „Gebt mir nur von eurem Weizen; ihr werdet keine Minderung haben!" Da ließ der Kapitän sich erweichen und teilte den Weizen mit den Menschen von Myra.
Als das Schiff in Rom landete und die Beamten das Getreide maßen, hatten sie genauso viel wie in Alexandria.

Wie die Brotvermehrung weitergehen kann

Als Jesus aufschaute, sah er eine unübersehbar große Menge Menschen: Hinkende auf Krücken, Lahme auf Tragbahren, Verstümmelte, Blinde, die ganz Ohr waren, Taube, die ganz Auge waren, manche, die sich die Hand ans Ohr hielten oder große Trichter, um möglichst viel mitzukriegen.

Als er sie alle sah, hatte er Mitleid und dachte: „Die brauchen jetzt was zu essen. Wenn ich sie gehen lasse, werden sie auf dem Weg zusammenbrechen. Sie werden nicht satt von bloßer Hoffnung, von bloßen Worten."
Und als er stockte und schwieg, riefen einige: „Erzähl weiter!", „Ja, erzähl weiter!"

Aber Jesus fragte einen seiner Freunde: „Wie kriegen wir die satt, Philippus?" Philippus, der rechnen konnte, sagte: „Brot für tausend Euro reicht nicht für so viele. Aber woher nehmen? Aus der Luft?"

Und Andreas, ein anderer seiner Freunde, sagte: „Da ist ein Kind, ein Junge, der hat in seinem Netz fünf Brötchen und zwei Fische." Aber Andreas fügte gleich hinzu: „Das ist so viel wie nichts."

Jesus sagte: „Wo ist der Junge?" Und da kam der Junge auch schon. Jesus schaute den Jungen an, der strahlte vor Freude. Er war von weit her gekommen, Jesus zu sehen und zu hören. Jesus sagte zu ihm: „Willst du deine Brötchen und deine Fische abgeben, dass alle was bekommen?"
Und ohne zu antworten gab der Junge die Brötchen und die Fische. Und da hatte Jesus ein Brötchen in der Hand und brach es in viele Stücke. Dann rief er: „Wer ganz viel Hunger hat, der komme!"

Und da kamen Kinder und Alte, mit schwarzen Rändern unter den Augen, mit bleichen Gesichtern – der Hunger schaute aus ihnen heraus – und dann kamen immer mehr, aber, o Wunder, es kamen auch immer mehr, die etwas mithatten und es jetzt bei Jesus abgaben: Brot und Fischer und Ziegenkäse, auch zu trinken hatten einige mit, und Jesus und seine Freunde hatte alle Hände voll zu tun. Zu brechen und zu verteilen. Ein Geber steckte den anderen an: Brotvermehrung …

„Brotvermehrung!", ging es durch die Menge. Jesus war zum Mittelpunkt geworden und viele fragten: „Wo kommt denn das Brot her?"
Da kamen einige reiche Amerikaner, Farmer, Fabrikanten, der liebe Gott weiß, woher die das so schnell erfahren hatten, die kamen mit Schiffen und Lastern und Flugzeugen und brachten Lebensmittel, die sie sonst vernichtet hätten, um die Preise hochzuhalten. Jetzt kamen sie und halfen.

Es entstand bald – wer weiß wie schnell – eine Weltwirtschaftsgemeinschaft. Die Deutschen kamen, die Franzosen, die Japaner, die Engländer, die Chinesen, die Russen, die Südamerikaner und Australier. Sie alle brachten, was sie hatten, es wurde geteilt und verteilt, es wurde geplant und überlegt, wie alle satt werden könnten.

Kein Mensch wagte mehr zu sagen, die Erde sei bald am Ende und es drohe eine Welthungerkatastrophe. Jesus wurde zum Herzen der Welt.
Jesus hatte die Erde im Auge, die ganze Erde, nicht nur Teile, nicht nur uns.
Er hat die ganze Erde im Auge.

Die heilige Gabe des Festes

Es war einmal eine Zeit, da die Menschen keine Freude kannten. Ihr Leben bestand aus Arbeit, Essen, Verdauung und Schlaf. Ein Tag verging wie der andere – und ihr Sinn verzehrte sich in Einförmigkeit. In diesen Zeiten lebte ein Mann mit seiner Frau und dem Sohn Teriaq, einsam, nicht weit vom Meer entfernt. Eines Tages war Teriaq auf Rentierjagd. Da erblickte er einen gewaltigen Adler, der über ihm kreiste. Der Adler senkte sich herab und setzte sich auf die Erde. Er streifte seine Kapuze vom Kopf und wurde zum Menschen. Und er sprach zum Rentierjäger und sagte: „Versprich mir, Gesangfeste zu feiern, sobald du nach Hause kommst." „Ich begreife nicht, was du sagst. Was ist Gesang? Was ist Fest?" „Wenn du mir folgst, wird meine Mutter dich lehren, was du nicht verstehst." „Ich komme mit", antwortete Teriaq.
Dann brachen sie auf. Der Adler war jetzt kein Vogel mehr, sondern ein großer und kräftiger Mann im schimmernden Gewand aus Adlerfedern. Sie gingen und gingen weit bis zu einem hohen Berge, den sie zu besteigen begannen. Aber als sie sich dem Berggipfel näherten, hörten sie plötzlich einen pochenden Laut, der immer stärker wurde, je näher sie dem Gipfel kamen. „Es ist meiner Mutter Herz, das klopft", sagte der Adler. Dann kamen sie zum Haus des Adlers. Drinnen saß ganz allein die Mutter des Adlers, alt, hinfällig und betrübt. Nun ergriff

der Sohn das Wort und sagte: „Hier ist ein Mann, der versprochen hat, ein Gesangfest zu halten, wenn er nach Hause kommt. Aber er sagt, dass die Menschen nicht verstehen, Worte zu einem Gesang zusammenzusetzen, und sie verstehen auch nicht, die Trommel zu schlagen und vor Freude zu tanzen. Mutter, die Menschen verstehen nicht, ein Fest zu feiern, und nun ist dieser junge Mann gekommen, um es zu lernen!"

Diese Worte brachten großes Leben in die alte, hinfällige Adlermutter und ihre müden Augen leuchteten plötzlich auf, während sie sagte:

„Zuerst müsst ihr ein Festhaus bauen, in dem sich viele Menschen versammeln können."

Nun bauten die beiden jungen Männer das Festhaus, das größer und schöner ist als gewöhnliche Häuser. Und als es fertig war, lehrte sie die Adlermutter, Worte und Töne zu einem Gesang zusammenzufügen, sodass sie zu Melodien wurden. Sie fertigte eine Trommel an und lehrte sie, die Trommel im Takt zu den Liedern zu schlagen, und sie zeigte ihnen, wie man zu den Gesängen tanzen muss. Als Teriaq all das gelernt hatte, sagte sie:

„Vor jedem Fest sollt ihr viel Fleisch sammeln und dann viele Menschen einladen."

„Aber wir wissen von keinen anderen Menschen als von uns selbst", antwortete Teriaq.

„Die Menschen sind einsam, weil sie noch nicht die Gabe des Festes erhalten haben", sagte die Adlermutter. „Trefft nun eure Vorbereitungen, so wie ich euch gesagt habe. Wenn alles bereit ist, sollst du hinausgehen, um nach Menschen zu suchen. Du wirst sie zu zweien treffen. Du sollst sie versammeln, bis es ihrer viele sind, und sie einladen. Und dann sollt ihr ein Gesangfest feiern."

So sprach die alte Adlermutter; und als sie Teriaq genau eingeprägt hatte, was er tun sollte, brachte der junge Adler seinen Gast an jene Stelle zurück, wo sie sich getroffen hatten. Sie waren Freunde geworden und trennten sich nun. Teriaq aber eilte nach Hause zu seinen Eltern und erzählte ihnen alles, was er erlebt hatte. Und mit diesen Worten beschloss er seinen Bericht: „Die Menschen sind einsam und leben ohne Freude, weil sie kein Fest zu feiern verstehen. Nun haben

mir die Adler das heilige Geschenk des Festes gegeben, und ich habe gelobt, alle Menschen an der Gabe teilnehmen zu lassen."
Vater und Mutter lauschten verwundert und schüttelten ungläubig das Haupt; denn wer niemals sein Blut heiß werden und nie sein Herz in Erregung schlagen fühlte, kann des Adlers Geschenk mit seinen Gedanken nicht erfassen. Aber sie taten alles, was die Adler verlangt hatten …
Sobald die Vorbereitungen getroffen waren, ging Teriaq hinaus, um die Leute zum Fest einzuladen. Zu seinem großen Erstaunen entdeckte er nun, dass er und seine Eltern nicht mehr einsam waren wie stets zuvor. Frohe Menschen erhalten Gesellschaft. Er traf plötzlich überall Menschen, aber nur zu zweit, seltsame Menschen, einige in Wolfspelze gekleidet, andere in Felle von Vielfraß, Luchs, Rotfuchs, Silberfuchs, Kreuzfuchs, ja in Pelze von allen Tierarten. Teriaq lud sie zum Gastmahl in ihrem neuen Festhaus ein und sie folgten ihm alle mit Freuden. Dann hielten sie das Gesangfest ab – ein jeder brachte seine eigenen Lieder vor. Man lachte, erzählte und lärmte; und die Menschen waren sorgenfrei und froh, wie sie nie zuvor gewesen waren. Gastmähler wurden abgehalten, Fleischgaben ausgetauscht, Freundschaften geschlossen. Die Nacht verging, und erst als das Morgenlicht ins Festhaus schien, nahmen die Gäste Abschied. Aber während sie in wildem Getümmel aus dem Haus stürzten, fielen sie alle vornüber auf ihre Hände und sprangen fort auf allen Vieren. Jetzt waren sie keine Menschen mehr, sondern verwandelten sich in Wölfe, Vielfraße, Luchse, Silberfüchse, Kreuzfüchse, ja in alle Tiere des Waldes. Das waren die Gäste, die der alte Adler geschickt hatte, damit Vater und Sohn nicht vergebens bitten sollten. So gewaltig war die Macht des Festes, dass selbst Tiere zu Menschen wurden.
Kurz darauf geschah es, dass Teriaq wieder draußen war, um zu jagen, und wieder traf er den Adler. Dieser schlug sofort die Kapuze zurück und wurde zum Menschen, und sie gingen zusammen zur Adlerwohnung hinauf, denn die alte Adlermutter wollte noch einmal den Menschen sehen, der das erste Fest der Menschen gefeiert hatte. Aber schon ehe sie sich dem Gipfel genähert hatten, kam ihnen die Adlermutter entgegen, um zu danken, und siehe: die alte, hinfällige Adlerin war wieder jung geworden. Denn wenn die Menschen Feste feiern, werden alle alten Adler jung.

Ein Fest ist
wie ein Baum.
Mit seinen
Wurzeln
dringt er tief
ins
Erdreich
ein,
in dunkle
Zonen,
die Halt
und Nahrung
geben.

Ein richtiges Fest
kommt von weit her.
Es ist nicht wie ein
Maibäumchen
ohne Wurzel und Halt
und schon am nächsten Tag
verwelkt.

Ein richtiges Fest
wurzelt
in der Tiefe,
in den
Anfängen
der Geschichte
Gottes
mit den
Menschen.

Ein Fest ist
wie ein Baum,
der blüht
und wächst
von Jahr
zu Jahr
zu Jahr
immer anders,
immer gleich
immer neu
für uns heute.
Es muss ja
unser Fest sein,
nicht das von gestern,
unser Fest,
das uns neu macht!

Ein Fest ist wie ein Baum.
Mit seiner Krone
badet er im Licht,
füllt er den Himmel aus.

Ein richtiges Fest
holt den Himmel
auf die Erde,
greift der
Zukunft vor,
gibt Mut
und neue
Liebe
zum Leben.

Ein Fest ist wie ein Baum
der wie eine Himmelsleiter ist
Mitte der Welt
Fülle des Lebens

Das Fest der Freiheit

Jesus sagte: „Ein Mann gab einmal ein großes Festmahl und lud viele dazu ein. Als das Fest beginnen sollte, schickte er seinen Diener und ließ den Geladenen sagen: ‚Kommt, es steht alles bereit!'
Aber einer nach dem andern ließ sich entschuldigen. Der Erste ließ ihm sagen: ‚Ich habe einen Acker gekauft und muss jetzt gehen und ihn besichtigen. Bitte, entschuldige mich!'
Ein anderer sagte: ‚Ich habe fünf Ochsengespanne gekauft und bin auf dem Weg, sie mir genauer anzusehen. Bitte, entschuldige mich!'
Wieder ein anderer sagte: ‚Ich habe geheiratet und kann deshalb nicht kommen.'

Der Diener kehrte zurück und berichtete alles seinem Herrn. Da wurde der Herr zornig und sagte zu seinem Diener: ‚Geh schnell auf die Straßen und Gassen der Stadt und hol die Armen und die Krüppel, die Blinden und die Lahmen herbei.'
Bald darauf meldete der Diener: ‚Herr, dein Auftrag ist ausgeführt; aber es ist immer noch Platz.'
Da sagte der Herr zu dem Diener: ‚Dann geh auf die Landstraßen und vor die Stadt hinaus und nötige die Leute zu kommen, damit mein Haus voll wird.'"

Lukas 14,16-23

Gemeinsam zu lesen:

Einmal muss das Fest
kommen,
das Fest der großen
Einigkeit,
das Fest der großen
Vielfalt,
einmal muss das Fest
kommen
an dem großen Tisch
der Welt,
der zum Himmel wurde,
an dem großen Tisch,
an dem niemand fehlt,
bei dem Mahl,
bei dem sich keiner
abmeldet,
weil er etwas Besseres
und Wichtigeres
zu tun hat.

Einmal muss der Tag
doch kommen!
Von dieser Hoffnung
leben wir,
und darum sind wir hier
zusammen,
weil wir auf diesen Tag
hin
verwandelt werden
wollen:
fähig werden wollen
für dieses Fest,
einig werden wollen
zu diesem Mahl,
Schritt für Schritt
einander entgegen.

Der barmherzige Vater

Weiter sagte Jesus: „Ein Mann hatte zwei Söhne. Der jüngere von ihnen sagte zu seinem Vater: ‚Vater, gib mir das Erbteil, das mir zusteht!' Da teilte der Vater das Vermögen auf. Nach wenigen Tagen packte der jüngere Sohn alles zusammen und zog in ein fernes Land. Dort lebte er in Saus und Braus und verschleuderte sein Vermögen. Als er alles durchgebracht hatte, kam eine große Hungersnot über das Land und es ging ihm sehr schlecht.

Da ging er zu einem Bürger des Landes und drängte sich ihm auf; der schickte ihn aufs Feld zum Schweinehüten. Er hätte gern seinen Hunger mit den Futterschoten gestillt, die die Schweine fraßen; aber niemand gab ihm davon.

Da ging er in sich und sagte: ‚Wie viele Tagelöhner meines Vaters haben mehr als genug zu essen und ich komme hier vor Hunger um. Ich will aufbrechen und zu meinem Vater gehen und zu ihm sagen: ‚Vater, ich habe mich gegen den Himmel und gegen dich versündigt. Ich bin nicht mehr wert, dein Sohn zu sein; mach mich zu einem deiner Tagelöhner.'

Dann brach er auf und ging zu seinem Vater. Der Vater sah ihn schon von Weitem kommen und er hatte Mitleid

mit ihm. Er lief dem Sohn entgegen, fiel ihm um den Hals und küsste ihn. Da sagte der Sohn: ‚Vater, ich habe mich gegen den Himmel und gegen dich versündigt; ich bin nicht mehr wert, dein Sohn zu sein.'
Der Vater aber sagte zu seinen Knechten: ‚Holt schnell das beste Gewand und zieht es ihm an, steckt ihm einen Ring an die Hand und zieht ihm Schuhe an. Bringt das Mastkalb her und schlachtet es; wir wollen essen und fröhlich sein. Denn mein Sohn war tot und lebt wieder; er war verloren und ist wiedergefunden worden.' Und sie begannen, ein fröhliches Fest zu feiern.

Sein älterer Sohn war unterdessen auf dem Feld. Als er heimging und in die Nähe des Hauses kam, hörte er Musik und Tanz. Da rief er einen der Knechte und fragte, was das bedeuten solle. Der Knecht antwortete: ‚Dein Bruder ist gekommen und dein Vater hat das Mastkalb schlachten lassen, weil er ihn heil und gesund wiederbekommen hat.' Da wurde er zornig und wollte nicht hineingehen. Sein Vater aber kam heraus und redete ihm gut zu. Doch er erwiderte dem Vater: ‚So viele Jahre schon diene ich dir, und nie habe ich gegen deinen Willen gehandelt; mir aber hast du nie auch nur einen Ziegenbock geschenkt, damit ich mit meinen Freunden ein Fest feiern konnte. Kaum aber ist der hier gekommen, dein Sohn, der dein Vermögen mit Dirnen durchgebracht hat, da hast du für ihn das Mastkalb geschlachtet.'

Der Vater antwortete ihm: ‚Mein Kind, du bist immer bei mir, und alles, was mein ist, ist auch dein. Aber jetzt müssen wir uns doch freuen und ein Fest feiern; denn dein Bruder war tot und lebt wieder; er war verloren und ist wiedergefunden worden.'"

Lukas 15,11-32

Die Gestalt Jesu besetzt die Mitte. Sie füllt das Bild von unten bis oben. Vor ihm kniet die rothaarige Frau, Hilfe suchend. Ringsum bedrohen sie grobe Männer. Sie spotten, höhnen, wollen handgreiflich werden. Aber in Jesu Schutz fühlt sich die Frau so geborgen, dass sie die Augen vor der lärmenden Horde schließen kann. Jesus lässt sich nicht ängstigen. Er bleibt sicher und ruhig. Ihm gegenüber erscheinen die anderen Männer verbohrt und dumm.

„Auch ich verurteile dich nicht"

Am frühen Morgen begab er sich wieder in den Tempel. Alles Volk kam zu ihm. Er setzte sich und lehrte es. Da brachten die Schriftgelehrten und die Pharisäer eine Frau, die beim Ehebruch ertappt worden war. Sie stellten sie in die Mitte und sagten zu ihm: „Meister, diese Frau wurde beim Ehebruch auf frischer Tat ertappt. Mose hat uns im Gesetz vorgeschrieben, solche Frauen zu steinigen. Nun, was sagst du?"
Mit dieser Frage wollten sie ihn auf die Probe stellen, um einen Grund zu haben, ihn zu verklagen. Jesus aber bückte sich und schrieb mit dem Finger auf die Erde.

Als sie hartnäckig weiterfragten, richtete er sich auf und sagte zu ihnen: „Wer von euch ohne Sünde ist, werfe als Erster einen Stein auf sie." Und er bückte sich wieder und schrieb auf die Erde. Als sie seine Antwort gehört hatten, ging einer nach dem anderen fort, zuerst die Ältesten.
Jesus blieb allein zurück mit der Frau, die noch in der Mitte stand. Er richtete sich auf und sagte zu ihr: „Frau, wo sind sie geblieben? Hat dich keiner verurteilt?" Sie antwortete: „Keiner, Herr." Da sagte Jesus zu ihr: „Auch ich verurteile dich nicht. Geh und sündige von jetzt an nicht mehr!"

Johannes 8, 2-11

Wer seine Schuld bereut und eingesteht, der hört im Auftrag Jesu Christi vom Priester das wirksame Wort der Lossprechung:
„Gott, der barmherzige Vater, hat durch den Tod und die Auferstehung seines Sohnes die Welt mit sich versöhnt und den Heiligen Geist gesandt zur Vergebung der Sünden. Durch den Dienst der Kirche schenke er dir Verzeihung und Frieden.

So spreche ich dich los von deinen Sünden im Namen des Vaters und des Sohnes und des Heiligen Geistes."
Wer von seinem Freund, den er um Verzeihung bittet, hört: „Ich verzeihe dir, wir sind doch Freunde", kann aufatmen, und beide sind wieder auf einem guten Weg. Die Worte der Lossprechung im Bußsakrament haben eine noch größere Reichweite. Sakramente verbinden mit dem Handeln Gottes im menschlichen Leben. Im Bußsakrament befreit Gott von Schuld und schenkt einen Neuanfang. Es führt auf den Weg des Friedens und der Versöhnung untereinander.

Vertrau dich einem
Menschen an,
der im Geist des
Evangeliums
mit dir umgeht;
dich anhört, dir zuhört;
der wohlwollend
mehr hört,
als du sagen kannst
im Augenblick.

Das Evangelium steht
immer
auf deiner Seite,
egal, wie schuldig du bist,
egal, wie schuldig dich
einer hält,
wie schuldig dich das
Gesetz spricht.

Da sprich dich aus.
Nur wer sich ausspricht,
wird das los,
was ihn bedrückt,
was ihn ängstigt,
was ihn unfrei sein lässt,
was krank macht,
was lähmt, was klein
macht.

Öffne dich einem
Menschen,
der im Namen Jesu
und im Auftrag der Kirche
dich freispricht und dir
sagt:
„Die ganze Kirche,
alle Christen auf der
ganzen Welt,
sprechen durch mich
und bei Jesus Christus und
seinem Evangelium:
Du bist freigesprochen!"

Geh in Frieden
und sei barmherzig,
wie Gott barmherzig ist.

Das Mahl des Friedens

Magnus Olafson war 1042 König von Dänemark geworden. Gegen ihn hatte ein Gefolgsmann, Thorfin, einen Aufstand versucht und einen Verwandten des Königs erschlagen. Die ausgesandten Häscher konnten den flüchtigen Thorfin jedoch nicht auftreiben.
Nun begab es sich, dass der König eines Tages zu einem Mahl einlud. Die Gäste trafen ein, hatten aber noch nicht Platz genommen, als ein struppiger Mann ohne Gruß zum Tisch drängte, davon ein Brot davon ergriff und sofort einen Bissen in den Mund steckte. Das war unerhört, eine Beleidigung des Königs und eine Missachtung des Gastrechts. Erregt brauste der König auf: „Wer bist du?" Der Fremde kaute sein Brot zu Ende, dann sagte er: „Ich bin Thorfin." Da wurde Magnus Olafson bleich, rang um seine Fassung und sagte schließlich: „Wahrhaftig, Thorfin, ich hatte geschworen, du solltest für deinen Totschlag mit dem Tode büßen ..." Und nach einer Pause: „Doch nachdem, was geschehen ist, muss Frieden zwischen uns sein!" Und er lud den Todfeind an seinen Tisch.

Der Gast beim Bauern

Timofei Ossipow stammt nicht aus unserem Dorf. Man munkelte, seine Eltern seien früh gestorben; ein Onkel habe ihn betrogen: um Haus und Hof habe er das Kind gebracht, so dass Timofei geflohen sei, weit weg, zu uns in unser Dorf. Dort sprach er kaum mit einem Menschen.

Doch nach einiger Zeit gefiel ihm meine Schwester; er heiratete sie, hörte auf, sich zu grämen, und erwies sich nach zehn Jahren vor aller Welt Augen als ein reicher Mann. „Hast du jetzt alles wieder, was du in deiner Heimat verloren hast?", fragte ich ihn eines Tages. Timofei wurde auf der Stelle bleich, antwortete kein Wort. Da bat ich um Entschuldigung. „Vergib, dass ich so fragte. Ich dachte, jenes Böse sei nun schon lange … vorbei und vergessen." – „Es ist vorbei, dennoch denkt man daran", antwortete Timofei. Ich fürchtete oft, wenn Timofei irgendwo seinen Onkel träfe, er würde allen Glauben vergessen und dem Rachesatan verfallen. Ich betete oft für ihn, dass Gott ihn aus der Sünde des Zorns errette. Das aber verwirklichte sich auf höchst wunderbare Weise.

Eines Tages las Timofei im Evangelium, wie Christus zu Gaste zum Pharisäer kam, und sie gaben ihm nicht einmal Wasser, sich die Füße zu waschen. In diesem Augenblick begann das Wunder, wovon mir Timofei später erzählte: „Ich blicke", spricht er, „um mich und denke, was habe ich doch für ein Auskommen. ‚Herr, kämest du zu mir, ich gäbe mich selbst dir hin!' Und er meinte von irgendwoher im Windhauch die Antwort zu hören: „Ich werde kommen." Timofei rannte zitternd zu mir: „Was meinst du? Kann der Herr wirklich zu Gast kommen?" Ich sage: „Wie liest du in der Schrift darüber?" Timofei spricht: „Es ist immer derselbe Christus, gestern, heute und in Ewigkeit." „Dann", sage ich, „glaub es."

Seit diesem Tag ließ Timofei einen überzähligen Platz am Tisch bereit halten „für den vornehmsten Gast". Wer damit gemeint war, das sagte er außer mir keinem Menschen.

Timofeis Warten schien vergeblich. Von Tag zu Tag, dann von Sonntag zu Sonntag, schließlich alle Feiertage erhoffte er immer wieder Christus zu Gast. Doch nichts geschah. Das Christfest kam. Am Heiligen Abend klopft Timofei bei mir und sagt: „Lieber Bruder, morgen erwarte ich den Herrn, komm auch du."

Als wir zum Weihnachtsmittag Timofeis Stube betraten, war sie voller Leute von jedem Beruf und Glauben, Alte und Kranke und auch viel armes Volk. Die Tische waren reich gedeckt, nur ein Gast fehlte. Längst hätten wir essen sollen, Timofei ging, saß, stand in quälender Unruhe. Seine Zuversicht geriet ins Wanken. Schließlich begann Timofei das Tischgebet: „Christ wird geboren, lobsinget! Christ ist auf Erden …"

Kaum aber hatte er dieses Wort gesprochen, als irgendetwas fürchterlich von außen an die Wand schlug, und unversehens sprang die Stubentür auf. Alle Leute wichen verschreckt in eine der Zimmerecken. In der Tür aber steht ein alter Mann, in Lumpen gekleidet. Er zittert und hält sich, um nicht umzufallen, am Türrahmen fest.

Kaum erblickt ihn Timofei, so schreit er auf: „Herr, ich sehe ihn, ich nehme ihn auf in deinem Namen."

Timofei führte den Alten auf den vornehmsten Platz, seinen ärgsten Feind, den Onkel, der ihn zugrunde gerichtet hatte. „Ich kenne deinen Geleiter", sagte Timofei. „Das ist der Herr, der gesagt hat, hungert dein Feind, speise ihn mit Brot, dürstet ihn, tränke ihn mit Wasser. Setz dich und bleibe in meinem Hause bis zu deinem Lebensende."

Nach Nikolai Lesskow

EIN Brot ist es.
Darum sind wir viele
EIN Leib;
denn wir alle haben
teil an dem einen Brot.

1 Korinther 10,17

Wie dieses Brot,
das wir gegessen haben,
in den Körnern zerstreut war
über die Hügel
und nun zu einem geworden ist,
so werde deine Kirche
von den Enden der Erde
vereint in deinem Reich.

Das Gastmahl der Liebe

Es kam der Tag der Ungesäuerten Brote, an dem das Paschalamm geschlachtet werden musste. Jesus schickte Petrus und Johannes in die Stadt und sagte: „Geht und bereitet das Paschamahl für uns vor, damit wir es gemeinsam essen können." Sie fragten ihn: „Wo sollen wir es vorbereiten?" Er antwortete ihnen: „Wenn ihr in die Stadt kommt, wird euch ein Mann begegnen, der einen Wasserkrug trägt. Folgt ihm in das Haus, in das er hineingeht, und sagt zu dem Herrn des Hauses: ‚Der Meister lässt dich fragen: Wo ist der Raum, in dem ich mit meinen Jüngern das Paschalamm essen kann?' Und der Hausherr wird euch einen großen Raum im Obergeschoss zeigen, der mit Polstern ausgestattet ist. Dort bereitet alles vor!" Sie gingen und fanden alles so, wie er es ihnen gesagt hatte, und bereiteten das Paschamahl vor.

Als die Stunde gekommen war, begab er sich mit den Aposteln zu Tisch. Und er sagte zu ihnen: „Ich habe mich sehr danach gesehnt, vor meinem Leiden dieses Paschamahl mit euch zu essen. Denn ich sage euch: Ich werde es nicht mehr essen, bis das Mahl seine Erfüllung findet im Reich Gottes." Und er nahm den Kelch, sprach das Dankgebet und sagte: „Nehmt den Wein und verteilt ihn untereinander! Denn ich sage euch: Von nun an werde ich nicht mehr von der Frucht des Weinstocks trinken, bis das Reich Gottes kommt."
Und er nahm Brot, sprach das Dankgebet, brach das Brot und reichte es ihnen mit den Worten: „Das ist mein Leib, der für euch hingegeben wird. Tut dies zu meinem Gedächtnis!"
Ebenso nahm er nach dem Mahl den Kelch und sagte: „Dieser Kelch ist der Neue Bund in meinem Blut, das für euch vergossen wird." *Lukas 22,7-20*

Wir haben ein Fest gefeiert in der Schule. Evas Vater ist Bäcker. Er hat für uns ein Riesenbrot gebacken. Das Brot haben wir in die Mitte gelegt. Wir haben die Kerze angezündet und ein Lied gesungen. Danach haben wir das Brot aufgeteilt und gegessen. Es gab auch Saft. Peter hat es so geschmeckt, dass er vier Scheiben Brot aß. Wir saßen alle zusammen, weil es so ein langer Tisch war. Es war ein festlicher Tisch und wir haben alles geteilt. *Kirsten*

Sonntags gehen wir in die Kirche zum Gottesdienst. Der Pfarrer sagt: „Jesus lädt alle an einen Tisch." Jesus hat mit seinen Jüngern Mahl gehalten. Das Mahl war für ihn ein Zeichen der Gemeinschaft.
Im Kommunionunterricht haben wir gelernt, dass die Feier Eucharistie heißt – Danksagung. Die Eucharistie erinnert an den Weg Jesu zum Kreuz und an seine Auferstehung.
In der Eucharistiefeier kommen wir zusammen wie die Jünger beim Abendmahl. Wir hören, was Jesus über das Reich Gottes gesagt hat. In den Gaben von Brot und Wein empfangen wir Jesus selbst als Speise zum ewigen Leben. Alle, die daran teilnehmen, werden ein Leib, eine große Gemeinschaft.

Ja, du bist heilig, großer Gott, und alle deine Werke verkünden dein Lob. Denn durch deinen Sohn, unseren Herrn Jesus Christus, und in der Kraft des Heiligen Geistes erfüllst du die ganze Schöpfung mit Leben und Gnade. Bis ans Ende der Zeiten versammelst du dir ein Volk, damit deinem Namen das reine Opfer dargebracht werde vom Aufgang der Sonne bis zum Untergang.

Darum bitten wir dich, allmächtiger Gott: Heilige unsere Gaben durch deinen Geist, damit sie uns werden Leib und Blut deines Sohnes, unseres Herrn Jesus Christus, der uns aufgetragen hat, dieses Geheimnis zu feiern. Denn in der Nacht, da er verraten wurde, nahm er das Brot und sagte Dank, brach es, und reichte es seinen Jüngern und sprach:

Nehmet und esset alle davon: Das ist mein Leib, der für euch hingegeben wird.

Ebenso nahm er nach dem Mahl den Kelch, dankte wiederum, reichte ihn seinen Jüngern und sprach:

Nehmet und trinket alle daraus: Das ist der Kelch des neuen und ewigen Bundes, mein Blut, das für euch und für alle vergossen wird zur Vergebung der Sünden.
Tut dies zu meinem Gedächtnis.

Geheimnis des Glaubens:
Deinen Tod, o Herr, verkünden wir, und deine Auferstehung preisen wir, bis du kommst in Herrlichkeit.

Gemeinsam essen

Tante Mia hat sieben Kinder aufgezogen, zwei alte Angehörige gepflegt und dazu einen Bauernhof versorgt. Und in all den Jahren hat sie sich um die Ausgegrenzten im Dorf gekümmert. Immer saßen am Mittagstisch zusätzliche Gäste. Das waren Menschen, die wegen Behinderungen nicht richtig essen konnten. In den Augen der meisten waren es Menschen, die nicht so richtig ins Bild passen, die seltsam sind.

Machten die eigenen Kinder meiner Tante Bemerkungen über diese Gäste oder taten ihren Unmut kund, so antwortete Tante Mia, dies sei ihr Haus, offen für alle, die Gemeinschaft und Hilfe nötig hätten. Wer das nicht akzeptiere, dürfe gerne sehen, wo er sein Essen herbekomme.

Tante Mia bestellt mit fast 80 Jahren immer noch ihre Felder und bekocht die Ausgegrenzten. Ihre Haustür ist immer offen. Ihre eigenen Töchter sagen, dass ihre Mutter ihnen heute großes Vorbild ist. Auch an ihren Tischen säßen mittlerweile Menschen, die am Rande der Gesellschaft ständen.

Gehen
Es geht
Wie geht es dir?

Ich begehe etwas
Wir begehen ein Fest

Gegangen werden
Ein Vorgang
Was geht hier vor?
Man vergeht sich

Seinen Weg gehen.
Unbeirrt weitergehen.
Mein Lebensweg

Weg-Geschichten

Zwei von den Jüngern Jesu waren auf dem Weg in ein Dorf namens Emmaus, das sechzig Stadien von Jerusalem entfernt ist. Während sie redeten und ihre Gedanken austauschten, kam Jesus hinzu und ging mit ihnen.
Doch sie waren wie mit Blindheit geschlagen, sodass sie ihn nicht erkannten. *Lukas 24, 13.15-16*

Der Herr sprach zu Abraham: „Zieh weg aus deinem Land, von deiner Verwandtschaft und aus deinem Vaterhaus in das Land, das ich dir zeigen werde." Da zog Abraham weg, wie der Herr ihm gesagt hatte, und mit ihm ging auch Lot. Abraham war fünfundsiebzig Jahre alt, als er aus Haran fortzog.

Genesis 12,1.4

Die ganze Gemeinde der Israeliten zog von der Wüste Sin weiter, von einem Rastplatz zum andern, wie es der Herr jeweils bestimmte. Weil das Volk kein Wasser zu trinken hatte, geriet es mit Mose in Streit und sagte: „Warum hast du uns überhaupt aus Ägypten hierher geführt? Um uns, unsere Söhne und unser Vieh verdursten zu lassen?"

Exodus 17,1.3

Der heilige Franz von Assisi war nach San Damiano geflohen und wollte nicht mehr heimkehren. Als das der Vater erfuhr, ging er ihn suchen, fand ihn endlich, packte ihn und schleppte ihn nach Hause und schloss ihn ein. Während aber der Vater auf Reisen war, löste die Mutter Franz die Fesseln und ließ ihn frei, da sie erkannte, dass sein Herz nicht umzustimmen war.

Der Junge ging zum König und bat ihn, er möchte ihm erlauben, auszuziehen, um das Wasser des Lebens zu suchen. „Nein", sprach der König, „die Gefahr ist zu groß." Der Junge bat aber so lange, bis der König einwilligte. Also machte er sich auf den Weg …

Wo kämen wir hin,
wenn alle sagten:
„Wo kämen wir hin?"
und niemand ginge,
um einmal zu schauen,
wohin man käme,
wenn man ginge.

Kurt Marti

Der vierte König

Es wird erzählt, als Jesus geboren werden sollte, erschien der Stern nicht nur den weisen Königen im Morgenlande, sondern auch einem König in Russland. Er war kein mächtiger und reicher Herr, er war nur ein kleiner König, aber gutmütig und menschenfreundlich. Schon von seinen Vorvätern wusste er, dass einmal ein Stern erscheinen und den Beginn eines neuen Reiches der Güte ankündigen würde; wer dann König sei, müsse sofort aufbrechen und dem größeren Herrn dienen. So ließ der kleine König sein Lieblingspferdchen Wanjka satteln, nahm etliche Rollen vom zartesten Linnen, einen Vorrat seltener Edelsteine und viele kleine Lederbeutel mit Goldkörnern; von seiner Mutter ließ er sich noch ein kleines irdenes Krüglein Honig hinzutun, den die samtpelzigen Bienen in den Linden Russlands gesammelt hatten. Dies waren die Gaben, die der kleine König mitnahm, dann ritt er eines Nachts auf Wanjka davon, als der Stern am hellsten leuchtete. Er ritt durch sein ganzes Königreich, aber der Stern stand nicht still.

Zwei, drei Monde lang war er schon unterwegs, als er eines Nachts auf eine vornehme Reisegesellschaft stieß, die ebenso dem Stern folgte wie er. Es waren reiche Herren, die auf Kamelen ritten und eine große Gefolgschaft bei sich hatten. Der kleine König freute sich und versuchte mit Wanjka Schritt zu halten. In der Herberge aber nahmen die großen Herren allen Platz in Anspruch. Darum ging der kleine König in die Scheuer, wie er's kannte, und schlief tief, als läge er auf einem russischen Ofen.

Es war aber auch ein junges Bettelweib hier untergekrochen, und während der kleine König schlief, hatte sie einem Mädchen das Leben geschenkt. Als der kleine König ihre Armut sah, holte er Essen und Trinken aus der Herberge und füllte auch ihren leeren Beutel mit ein paar Prisen Geld, und weil das Kindchen nichts als die eigene dünne Haut mit auf die Welt bekam, trennte er vom Linnen ein halbes Dutzend der schönsten Windeln, volles, breites, russisches Maß, davon ab.

zählte, beschloss er, von nun an die Gaben des Allherrschers nicht mehr anzugreifen. Aber schon am nächsten Tag verstieß er gegen den eigenen Vorsatz, als er Aussätzigen begegnete, für die er ganze Rollen Linnen in feine Streifen zerschnitt, um ihre eiternden Schwären zu verbinden. Wieder ein paar Tage später fand er einen ausgeplünderten Kaufmann am Wege, dem er helfen musste. So ging gerade ein Jahr vorbei, als der kleine König in allen Packtaschen den Boden fühlen konnte.

Nie mehr holte der kleine König die Karawane der Herren aus dem Morgenlande ein. Solange aber der Stern am Himmel stand, zog er unverdrossen seinen eigenen Weg. Krankheit und Hunger fraßen um sich, die Menschen verzagten und verstummten. Aber wenn die Not gar zu grausig wurde, dann griff er in seinen Gabenschatz und streckte daraus für den Allherrscher bereits etwas vor. Auf diese Weise schrumpfte sein Gold zusammen, und es war abzusehen, wann der letzte Beutel leer sein würde.
Eines Abends war der kleine König Zeuge, wie zwei Aufseher die Arbeiterinnen und Arbeiter einer Pflanzung mit Stöcken schlugen, weil sie nicht schnell genug gewesen seien, und wie einige von ihnen zusammenbrachen. Da konnte er nicht weitergehen, sondern kaufte die ganze Schar frei. Diese aber kamen schon am nächsten Morgen und fragten, wer ihnen nun zu essen gäbe. Sie waren nicht nur den Stock, sondern auch die Suppe gewohnt und fanden die Freiheit beschwerlich. Da gab er ihnen nochmals Geld für die nächsten drei Tage. Als der kleine König an diesem Abend den restlichen Schatz

Auch Wanjka war ein Pferdejahr älter geworden, und das gilt mehr als ein Jahr unter Menschen. Eines Morgens lag Wanjka krank auf dem Boden, zu schwach aufzustehen, und wenig später war der treue Begleiter tot. Der kleine König nahm lange Abschied, dann ging er zu Fuß weiter. Er wusste, dass seine Reise nun länger dauern würde. Er ging und ging, ging tagsüber und nachts, und eigentlich konnte man sagen, dass der kleine König aus Russland eine Art Landstreicher wurde.

Schließlich kam er ans Meer, in eine fremdartige Hafenstadt. Er schaute einer Galeere zu, die im Hafen lag, zur Abfahrt bereit; nur fehlte ein Mann, denn von den Ruderknechten war einer tot. Es war ein Schuldner des Schiffsherrn gewesen. Nun verlangte dieser den noch jungen Sohn des Toten, während die erschreckte Mutter um Erbarmen flehte. Den kleinen König rührte die junge Frau. Als der Schiffsherr Befehl gab, mit Gewalt den Jungen seiner Mutter zu entreißen, trat der kleine König unter die Leute und sagte leise, dann gehe er statt des Knaben. Oho! Traue er sich's zu? Das solle er dreimal überlegen. Damit trete er in eine große Schuldenlast ein, und die Reise sei nicht so bald zu Ende. Der kleine König blickte die junge Witwe an, deren Augen überweit geworden waren. „Es bleibt so", sagte er leise, stieg ins Schiff hinunter, wo der Galeerenvogt ihn in die Eisen schloss.

Nun kam die Zeit im Leben des kleinen Königs, von der so schnell erzählt ist, und die doch so grausam lange währte, beinahe dreißig Jahre lang. Dreißig Jahre auf der Galeere. Derweil starb der Schiffsherr, sein Sohn erbte ihn; die Galeerenvögte wechselten mehrmals, bald wusste niemand mehr, dass er nur an Stelle eines anderen an die Ruderbank geschmiedet war. Am Ende war der kleine König nur noch ein Schatten seiner selbst. Als man ihn eines Tages aus dem Sklavendienst entließ, musste man ihn an Land tragen. Er taugte nicht mehr zur Arbeit. Er taugte nur noch zum Sterben.
Nur langsam, ganz langsam kam er wieder zu sich. Er fand Menschen, die ihm zu essen und trinken gaben, auch einen Platz zum Schlafen, solange er noch nicht wieder gehen konnte. Als seine Füße ihn wieder trugen, schwach und unsicher genug, ging er wieder auf die Landstraßen hinaus. Der Stern war ihm längst erloschen, doch von früher wusste er noch, wo sein

Stern zum letzten Mal geleuchtet hatte; so folgte er weiter dieser Richtung. Mit der Zeit mehrte sich das Leben ringsum. Die Zahl der Menschen, die seine Straßen zogen, wurde größer; eine bedeutende Stadt musste vorausliegen. Gegen Abend konnte man ihre Tore und Paläste sehen. Aber der kleine König wollte in das Getümmel nicht mehr eintauchen. Er suchte sich einen Schlafplatz in einem Wäldchen von Ölbäumen dicht vor den Toren der Stadt. Sein krankes Herz fühlte am kommenden Morgen, dass es ein schwüler Tag würde. Es ging schon gegen Mittag, als er langsam den Hügel hinabstieg und mit schwerem Atem der Stadt zustrebte. Das war ein Gedränge und Gehast, die Menschen voller Aufruhr. „Sie haben den Größten, und sie wollen ihn zum Geringsten machen", sagte eine alte Bettlerin. „Er hat die Armen geliebt, die Blinden sehend und die Lahmen gehend gemacht. Jetzt wollen sie ihn ans Kreuz schlagen." Der kleine König war wie von Sinnen. „Wie alt ist er?", fragte er. „So um die dreißig." Die Menge schob ihn weiter. Bald stand der kleine König auf dem Schindanger der Stadt. Eben richteten Knechte drei große Kreuze auf, an denen zum Tode verurteilte Menschen hingen. Schritt um Schritt kam er näher, seine Augen nur auf den in der Mitte gerichtet. Der kleine König wusste, dass Er es war, der in der Mitte hing, der Größte aller Zeiten, dem er als Kind zu huldigen vor mehr als dreißig Jahren aus Russland ausgezogen war. Er wusste es, wenn er Ihn nur anschaute und von Ihm angeschaut wurde.

Aber das war zu viel für des kleinen Königs Herz. Einen Augenblick dachte er gequält: Ich habe nichts mehr von allem, was ich dir mitbringen wollte. Alles ist hin und vertan. Doch dann flüsterten seine Lippen, ohne dass er es da noch wusste: „Aber mein Herz, Herr, mein Herz, nimmst du es an?"

Nach Edzard Schaper

Das Aschenkreuz

Gedenke, o Mensch, dass du Staub bist
und wieder zum Staube zurückkehrst.

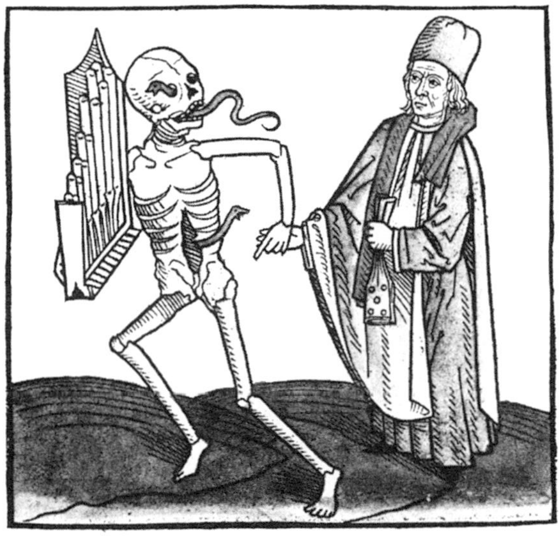

Wir sind nur Gast auf Erden und wandern ohne Ruh
mit mancherlei Beschwerden der ew'gen Heimat zu.

Es muss im Leben mehr als alles geben

Einst hatte Jennie alles. Sie schlief auf einem runden Kissen im oberen und auf einem viereckigen Kissen im unteren Stockwerk. Sie hatte einen eigenen Kamm, eine Bürste, zwei verschiedene Pillenfläschchen, Augentropfen, Ohrentropfen, ein Thermometer und einen roten Wollpullover für kaltes Wetter. Sie hatte zwei Fenster zum Hinausschauen und zwei Schüsseln für ihr Futter. Und sie hatte einen Herrn, der sie liebte.
Doch das kümmerte Jennie wenig. Um Mitternacht packte sie alles, was sie besaß, in eine schwarze Ledertasche mit einer goldenen Schnalle und blickte zum letzten Mal zu ihrem Lieblingsfenster hinaus.
„Du hast alles", sagte die Topfpflanze, die zum selben Fenster hinaussah. Jennie knabberte an einem Blatt.
„Du hast zwei Fenster", sagte die Pflanze. „Ich habe nur eines."
Jennie seufzte und biss ein weiteres Blatt ab. Die Pflanze fuhr fort: „Zwei Kissen, zwei Schüsseln, einen roten Wollpullover, Augentropfen, Ohrentropfen, zwei verschiedene Fläschchen mit Pillen und ein Thermometer. Vor allem aber liebt er dich."
„Das ist wahr", sagte Jennie und kaute noch mehr Blätter.
„Du hast alles", wiederholte die Pflanze.
Jennie nickte nur, die Schnauze voller Blätter.
„Warum gehst du dann fort?"
„Weil ich unzufrieden bin", sagte Jennie und biss den Stängel mit der Blüte ab. „Ich wünsche mir etwas, was ich nicht habe. Es muss im Leben noch mehr als alles geben!"
Die Pflanze sagte nichts mehr.
Es war ihr kein Blatt geblieben, mit dem sie etwas hätte sagen können.

Maurice Sendak

Fragen

Wen kann ich fragen,
was ich auf der Welt
suche?

Wie viele Fragen hat eine
Katze?

Was hat der Baum von der
Erde gelernt,
dass er jetzt mit dem
Himmel spricht?

Ist unser Leben etwa ein
Fisch,
der zum Vogel bestimmt
war?

Wo ist das Kind, das ich
gewesen,
wohnt es in mir oder ist es
fort?

Pablo Neruda

Der Kreuzweg

Jesus ist der Weg. Wer diesen Weg nachgeht. Kommt zu den Menschen: zu den Armen und Kranken, zu Kindern und Schwachen. Jesus sieht sie an, berührt sie mit seinen Händen, öffnet ihnen die Augen. Sogar die Blinden werden sehend.
Jesu Hände schlagen nicht, sie heilen. Sein Blick verachtet nicht, er strahlt Güte aus. Wer den Weg Jesu geht, geht einen Weg der Liebe. Manchmal ist es ein schwerer Weg – ein Kreuzweg. Es ist ja nicht leicht, sich zu den Schwächeren zu stellen. Es ist nicht leicht, den Mund zu öffnen für die Stummen. Menschen werden immer wieder unter schwere Kreuze gedrückt. Seit jeher leiden Menschen unter Hunger, Angst und Not. Gefangenschaft, Folter und Entehrung peinigen sie. Wer den Weg Jesu geht, schaut nicht vom Rande aus zu, sondern mischt sich ein. Wie Simon hilft er das Kreuz tragen.
Der Kreuzweg eines jeden Menschen sieht anders aus. Einige sind schon als Kinder unglücklich. Wie können sie ins Leben gehen und das Glück finden?

Selbst gute Mitmenschen können ein Kreuz sein: Manche nerven, und es ist nicht leicht, sie zu ertragen. Oft gelingt es nicht. Das ist wie ein Fallen unter dem Kreuz.

Wer den Kreuzweg Jesu betrachtend geht, denkt über das eigene und das fremde Leben nach. Er denkt an Schulen, Fabriken und Werkstätten, an Krankenhäuser, Gefängnisse und Altersheime – an alle Orte, wo Menschen einsam und leidend sein können.

Ihr könnt selbst einen eigenen Kreuzweg gestalten. Wählt die Stationen aus, die für euch wichtig sind. Es müssen nicht Bilder vom Kreuzweg Jesu sein, sondern können die Kreuzwege heutiger Menschen zeigen. Ihr könnt zu einzelnen Stationen auch eigene Bilder malen oder Fotos suchen, die von Kreuzwegen unserer Zeit sprechen. Kann man auch einen aktuellen Kreuzweg durch die eigene Gemeinde gehen?

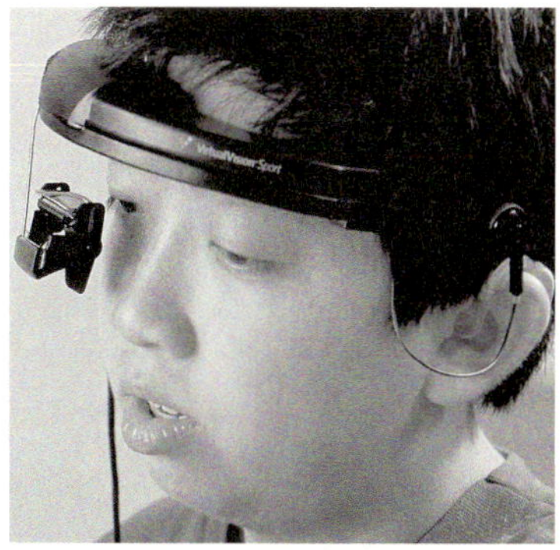

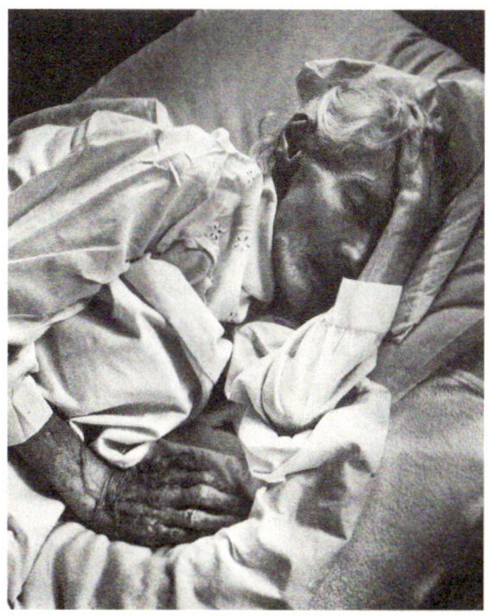

Maria – unterwegs

Im sechsten Monat wurde der Engel Gabriel von Gott in die Stadt Nazaret in Galiläa zu einer Jungfrau gesandt. Sie war mit einem Mann namens Josef verlobt, der aus dem Haus David stammte. Der Name der Jungfrau war Maria. Der Engel trat bei ihr ein und sagte: „Sei gegrüßt, du bist voll der Gnade, der Herr ist mit dir!" Sie erschrak über die Anrede und überlegte, was dieser Gruß zu bedeuten habe. Da sagte der Engel zu ihr: „Fürchte dich nicht, Maria; denn du hast bei Gott Gnade gefunden. Du wirst ein Kind empfangen, einen Sohn wirst du gebären: dem sollst du den Namen Jesus geben. Er wird groß sein und Sohn des Höchsten genannt werden ..." Da sagte Maria: „Mir geschehe, wie du es gesagt hast." *Lukas 1,26-32.38*

Nach einigen Tagen machte sich Maria auf den Weg und eilte in eine Stadt im Bergland von Judäa. Sie ging in das Haus des Zacharias und begrüßte Elisabet:
„Großes hat an mir getan der Mächtige. Sein Name ist heilig."
Lukas 1,39 f. 49

In jenen Tagen erließ Kaiser Augustus den Befehl, alle Bewohner des Reiches in Steuerlisten einzutragen. Dies geschah zum ersten Mal; damals war Quirinius Statthalter von Syrien. Da ging jeder in seine Stadt, um sich eintragen zu lassen. So zog auch Josef von der Stadt Nazaret in Galiläa hinauf nach Judäa in die Stadt Davids, die Betlehem heißt; denn er war aus dem Haus und Geschlecht Davids. Er wollte sich eintragen lassen mit Maria, seiner Verlobten, die ein Kind erwartete. Als sie dort waren, kam für Maria die Zeit ihrer Niederkunft, und sie gebar ihren Sohn, den Erstgeborenen. Sie wickelte ihn in Windeln und legte ihn in eine Krippe, weil in der Herberge kein Platz für sie war.

Lukas 2,1-7

Als die Sterndeuter wieder gegangen waren, erschien dem Josef im Traum ein Engel des Herrn und sagte: „Steh auf, nimm das Kind und seine Mutter, und flieh nach Ägypten; dort bleibe, bis ich dir etwas anderes auftrage; denn Herodes wird das Kind suchen, um es zu töten." Da stand Josef in der Nacht auf und floh mit dem Kind und dessen Mutter nach Ägypten.

Matthäus 2,13-14

Die Eltern Jesu gingen jedes Jahr zum Paschafest nach Jerusalem. Als er zwölf Jahre alt geworden war, zogen sie wieder hinauf, wie es dem Festbrauch entsprach. Nachdem die Festtage zu Ende waren, machten sie sich auf den Heimweg. Der junge Jesus aber blieb in Jerusalem, ohne dass seine Eltern es merkten. Sie meinten, er sei irgendwo in der Pilgergruppe, und reisten eine Tagesstrecke weit; dann suchten sie ihn bei den Verwandten und Bekannten.

Lukas 2,41-44

Religionen: Die Mitte der Welt

Fast alle Völker der Welt wollten an eine Mitte angebunden sein: Vor 4000 Jahren bauten Menschen in Südengland den Steinring von Stonehenge. Vor 1000 Jahren errichten Wikinger ein kreisrundes Lager als Bild der Welt. Für Griechenland war Delphi Mitte und Nabel der Welt. Für die Muslime ist es Mekka. Dort umkreisen sie siebenmal ihr Heiligtum.

Die Mitte der Welt

Aus der Höhe ist ein riesiger Kreis zu sehen, den ein Wall nach außen abschließt. Es sind die Reste einer Stadt, die als Mitte der Welt gegründet wurde. Neben den hellen Trampelpfaden verlaufen die alten Weltachsen. Sie durchbrechen an den Stellen der ehemaligen Tore den Ringwall zu allen vier Himmelsrichtungen hin. Wo sie sich kreuzen ist ein weißer Turm zu sehen. Von dieser Mitte aus flossen Wasserläufe nach Ost und West, Nord und Süd in alle Teile des Reiches. – Ähnlich beschreibt die Bibel das Paradies, von dem ebenfalls ein Strom mit vier Armen in die Welt ausging.

Diese Weltkarte entstand vor mehr als 600 Jahren. Weil die Karte nach Osten gerichtet ist, zeigt die obere Kreishälfte Asien; Europa und Afrika finden sich im unteren Bereich. Amerika und Australien waren zu dieser Zeit noch nicht entdeckt.
Die Mitte der Welt bildet Jerusalem. Abgebildet ist die Auferstehung Christi. Um einmal in diese Mitte zu kommen, haben viele Menschen jahrelange und gefährliche Wege auf sich genommen. Die Welt insgesamt wird gehalten von der Gestalt Christi: Oben ist sein Gesicht zu sehen, unten die Füße, seitlich die Hände.

Es träumte ein Kind, es solle die Mitte der Welt suchen. „Da musst du immer geradeaus gehen!", sagte ein Bauer. „Da musst du über das große Wasser hinweg!", sagte ein Fischer, als das Kind zum Meer kam. „Da musst du durch die Wüste hindurch", sagte auf der anderen Seite des Meeres ein Kameltreiber. Schließlich kam das Kind zu einem Einsiedler. „Die Mitte der Welt ist nicht hier oder da", sagte der Einsiedler, „sie ist überall." – Eine Mitte kann nicht überall sein, dachte das Kind und ging weiter. Nun begegnete es keinem Menschen mehr. Der Himmel spannte sich über der Wüste, nirgendwo war ein Richtpunkt als nur das Kind selbst inmitten der Einsamkeit. Da hielt das Kind inne und dachte: Ganz egal, ob ich vor oder zurück, links oder rechts gehe, immer bin ich in der Mitte unter dem Himmel. Aber wo ist die Mitte wirklich? Und es setzte sich hin und weinte.

Halt an, wo läufst du hin?
Der Himmel ist in dir:
Suchst du Gott anderswo,
du fehlst ihn für und für.

Am großen Versöhnungstag „Jom Kippur" stehen die Juden vor Gott. An diesem Tag schweigen sogar Radio und Telefon. Die Straßen in Jerusalem sind leer. Selbst nichtgläubige Juden beachten dieses Fest.
Wer nicht in die Synagoge gehen will, bleibt ruhig zu Hause.

Anfangs waren alle Anhänger Jesu Juden

Das Judentum ist die Mutter des Christentums. Jesus war Jude und sprach zu Juden. Auch seine Jünger und Jüngerinnen waren Juden.
Nach seinem Tode entstand in Galiläa die Jesubewegung. Die Jünger und Jüngerinnen verkündeten weiter die Reich-Gottes-Botschaft.
In Jerusalem aber kamen zu der Jesus-Gemeinde auch neue Anhänger: Juden aus der Diaspora; das sind solche, die nicht im Lande zu Hause waren, aber von Jesus gehört hatten und ebenfalls seine Jünger werden wollten.

Christus, griechisch Christos, heißt „der Gesalbte". Es ist die Übersetzung des hebräischen Wortes für Messias.

Messias: Als das Volk Israel von fremden Völkern beherrscht wurde, wuchs die Sehnsucht nach einem Befreier. Man sprach von ihm als „Messias", „der Gesalbte". Ursprünglich war der König der Gesalbte. Als das Königtum untergegangen war, hoffte man, ein neuer Messias werde kommen, der Israel erlöse. Die Christen haben Jesus als diesen Messias begrüßt.

Zur Jesusbewegung kommen auch Nichtjuden

Bald darauf schlossen sich der Jesusbewegung sogar Nichtjuden an. Die Jesusleute trafen sich wie früher zu gemeinsamen Mahlzeiten. Daran ließ man nun auch – gegen das Gesetz – Nichtjuden teilnehmen. So wie Jesus wollte man niemanden ausschließen.
Anfangs empörte sich Paulus heftig darüber, dass die Jesusanhänger mit Nichtjuden Tischgemeinschaft hielten. Darum verfolgte er die Jesusbewegung. Als ihm aber der auferstandene Christus erschien, wurde er selbst zum Verkünder der neuen Botschaft. Von nun an kämpfte er dafür, dass Juden und Nichtjuden in der Jesusnachfolge zusammen gehören, miteinander Mahl halten und die Liebe Gottes verkünden.

Die Jesusbewegung bekommt einen Namen

Viele Juden lehnten diese Öffnung für Nichtjuden weiterhin ab. Sie blieben, was sie waren. Die Jesus-Anhänger aus Juden und Nichtjuden aber bekamen einen eigenen Namen: Man nannte sie „Christen", weil sie immer von „Christus" sprachen. Sie entfernten sich damit vom Judentum. Es entstanden Feindschaften.
Schließlich schrieben Christen die Jesusgeschichte auf; sie sammelten auch die Briefe des Paulus und andere Briefe. Das Ganze wurde später „Neues Testament" genannt und der Jüdischen Bibel beigefügt.
Deswegen besteht die Heilige Schrift heute aus dem Alten Testament und dem Neuen Testament. Wenn Juden von ihrer Bibel sprechen, so gehört für sie das Neue Testament nicht hinzu.

Christen unterdrücken Juden

In den späteren Jahrhunderten war das Verhältnis zwischen Juden und Christen oft feindselig. Die Juden wurden eine Minderheit. Sie hatten weniger Rechte als Christen, mussten sich manchmal sogar an ihrer Kleidung als Juden kenntlich machen und in eigenen Judengassen wohnen.
Als 1933 die Nationalsozialisten in Deutschland an die Macht kamen, begannen sie eine grausame Judenverfolgung. In Konzentrationslagern wie Auschwitz wurden 6 Millionen Juden gequält und ermordet. Die christliche Welt hat die Juden ihren Mördern überlassen. Das bleibt ihre Schuld.
Nach 1945 haben die Christen diese Schuld eingesehen und bereut. Seitdem suchen sie ein neues Verhältnis zu den Juden. Juden und Christen sehen heute, dass sie im Glauben an denselben Gott und im Besitz derselben heiligen Schriften verbunden sind.

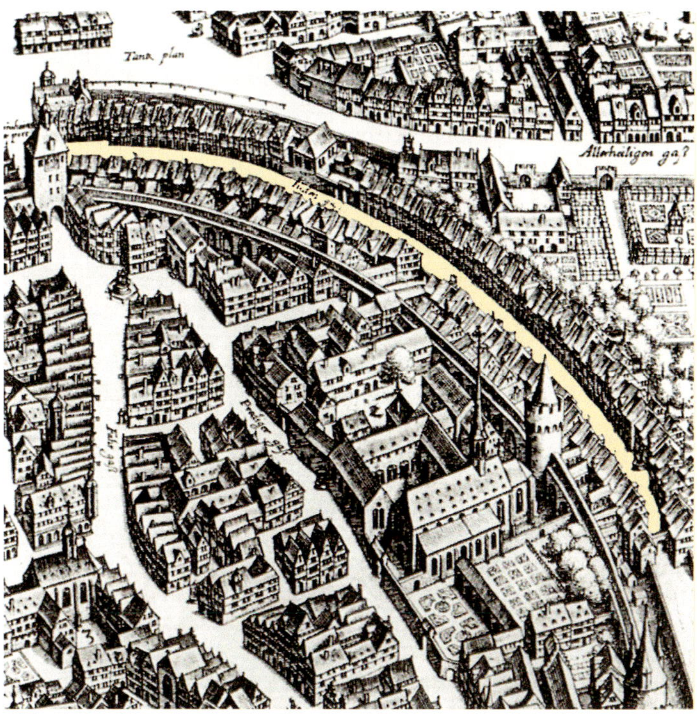

Zwischen zwei Mauern entstand in Frankfurt am Main die enge Judengasse von knapp 300 m Länge. Sie wurde von drei Toren abgeschlossen, die nur tagsüber geöffnet wurden. Viele Juden mussten hier auf engstem Raum leben.

Auf dem Lesepult einer Synagoge liegt eine geöffnete Tora-Rolle. Im Tora-Schrein befinden sich weitere Schriftrollen. Die jüdische Gemeinde wird von einem Rabbiner, einem Gesetzes- und Religionslehrer, geführt. Heute gibt es auch Rabbinerinnen.

Die Synagoge

Die Synagoge ist ein Gemeindehaus, der Ort, wo die Juden eines Dorfes oder Stadtteils zusammenkommen und wo sie Gottesdienst feiern. Synagogen gab es schon vor der Zeit Jesu (→ Religionsbuch 2, Seite 60). Seitdem der Tempel zu Jerusalem im Jahre 70 nach Christus zerstört wurde, sind Synagogen in aller Welt entstanden.
Synagogen sind nach Jerusalem ausgerichtet (in Europa in West-Ost-Richtung). Um Gottesdienste feiern zu können, müssen sich mindestens zehn religionsmündige Männer einfinden. Nur in einigen Gemeinden zählen auch Frauen mit. Es gibt keine Glocken, welche den Gottesdienst einläuten. Im Gottesdienst wird aus der Tora vorgelesen; hinzu kommen Psalmen und andere Gebete. Das „Höre, Israel!" (Schm'a Jisrael) ist neben dem Glaubensbekenntnis das wichtigste Gebet im täglichen Gottesdienst.

Bar Mizwa

Wenn ein jüdischer Junge 13 Jahre alt ist, wird er religionsmündig, ein Bar Mizwa, das heißt „Sohn des

Gesetzes". Mädchen feiern Bat Mizwa bereits mit zwölf Jahren.
Von diesem Alter ab, sind jüdische Kinder verpflichtet, die Gebote des Judentums einzuhalten. Gewöhnlich tragen Jungen am Sabbat darauf zum ersten Mal einen hebräischen Toratext im Gottesdienst vor. Dieser erste Tora-Aufruf wird feierlich begangen. Vorweg muss der Junge die hebräische Schrift lernen. Bar Mizwa ist ein großes Familienfest, an dem viele Gäste teilnehmen. Dabei steht der Junge ganz im Mittelpunkt.

Die Bibel

Juden reden nicht vom Alten Testament, weil es für sie auch kein Neues Testament gibt, sondern nur ein Testament. Der wichtigste Teil ihrer Bibel ist die Tora, das sind die „Fünf Bücher Mose". Die Tora ist das Buch des Bundes Gottes mit Israel. Im Gottesdienst liest man aber nicht aus einem Buch, sondern aus großen Pergamentrollen, die immer von Hand geschrieben sind. Die Torarolle wird von einem Mantel umhüllt und ist mit einer silbernen Krone oder Glockentürmchen geschmückt.

Juden in Deutschland

Nach dem Zweiten Weltkrieg gab es in Deutschland keine jüdischen Gemeinden mehr. Viele Juden sind geflohen, wenige konnten in Verstecken überleben, die meisten wurden ermordet. Kaum ein Jude konnte sich nach dieser Schreckenszeit vorstellen, weiterhin in Deutschland noch leben zu können. Die meisten sind nach Israel und in die USA gegangen.
In den folgenden Jahren kamen dennoch wieder Juden nach Deutschland, zumeist aus Osteuropa, besonders aus der Sowjetunion und dem heutigen Russland. Darum gibt es heute in vielen Städten wieder neue jüdische Gemeinden. Christen haben inzwischen gelernt, die Juden als ihre älteren Brüder und Schwestern zu sehen. Christen und Juden wollen in Zukunft einen gemeinsamen Weg gehen.

Rechts: Der Prophet Mohammed beim Empfang einer Offenbarung.

Koranschulen in Ägypten und in Gelsenkirchen

Die jüngste der heutigen Weltreligionen ist der Islam. Er entstand durch die Botschaft des Propheten Mohammed zu Anfang des 7. Jahrhunderts. Das Bild zeigt den Propheten, während Gott ihn ergriffen hat. Mohammed steht aufrecht, bereit zu hören und zu empfangen. Da erfasst ihn das göttliche Feuer und lässt ihn brennen, ähnlich dem brennenden Dornbusch, ohne dass die Flammen ihn verzehren. Mohammeds Gesicht verhängt ein Tuch: Was sich zwischen Gott und ihm abspielt, kann niemand darstellen.

Die Muslime bekennen: „Ich bezeuge, es gibt keinen Gott außer Gott (arabisch = Allah), und ich bezeuge, Mohammed ist der Gesandte Gottes."
Mohammed verkündete: Gott ist der eine und einzige. Er hat niemanden neben sich. Nichts ist ihm auch nur ähnlich. Er ist der Erste, der Letzte, der Ewige, der Unendliche. Er ist der Schöpfer und Erhalter aller Dinge. Er ist der Barmherzige, der Gütige, der Erhabene, der Wahrhaftige.
Man sagt, Allah hat hundert Namen; neunundneunzig sind bekannt, aber der hundertste Name bleibt ein Geheimnis. Er geht über alles Wissen hinaus.
Muslime verehren auch jene Menschen, die vor Mohammed an den einen Gott glaubten: Adam, Abraham, Mose, Jesus. Sie lehnen die Bibel nicht ab. Sie erzählen selbst Geschichten von Adam, Abraham und Jesus. Aber nur die Offenbarung, die Mohammed erhielt und die im Koran niedergeschrieben wurde, gilt ihnen als endgültige und unverfälschte Botschaft.
Der Koran, sagt der Muslim, ist das Buch, an dem es keinen Zweifel gibt. Er gilt als Gottes Wort, das Mohammed aus der Ewigkeit mitgeteilt wurde.
Der Koran ist in arabischer Sprache geschrieben. Weil aber viele muslimische Kinder andere Sprachen sprechen, besuchen sie in aller Welt Koranschulen, um das heilige Buch ihres Glaubens in der Originalsprache lesen zu lernen.

Koranleser

Koranschule im Jemen

An der Kaaba im Hof der großen Moschee von Mekka hat bereits Mohammed, der Prophet und Gründer des Islam, Gott verehrt.

Die Kaaba

Mohammed lebte in Arabien in der Wüstenstadt Mekka. Dort stand ein Gotteshaus, die Kaaba. Es wurde erzählt, der Patriarch Abraham habe die Kaaba erbaut. Der schwarze Stein, der in der Kaaba verwahrt wird, stamme aus dem Paradies und der Engel Gabriel habe ihn Abraham geschenkt.

Damals gab es in der Kaaba außer dem schwarzen Stein noch Bilder anderer Gottheiten, die alle Stämme Arabiens verehrten.

Mohammed sagte zu ihnen: „Es gibt nur einen Gott. Es gibt keine anderen Gottheiten." Er zertrümmerte die Götterbilder. Seitdem ist die Kaaba Allah, dem alleinigen Gott, geweiht.

Vor seinem Tod sagte Mohammed in Mekka zu den Menschen: „Macht euch keine Bilder von Allah. Alle, die an Allah glauben, sind Brüder. Schützt das Leben. Verzichtet auf Rache. Gehorcht dem Koran und meinen Worten in allen Lebenslagen."

Mohammed starb im Jahre 632 n. Chr. Seine Nachfolger warben neue Völker für den Islam. Sie eroberten fremde Länder und kamen sogar bis nach Spanien im Westen, im Osten bis Indien und China. Sie prägten die eroberten Länder durch arabische Lebensart und Sprache. Gegen Juden und Christen zeigten sie sich oft tolerant. Diese mussten zwar eine Steuer bezahlen, durften aber ihre eigene Religion ausüben.

Pilger an der Kaaba-Mauer

Das Glaubensbekenntnis der Muslime in schöner Schrift

Die Pflichten der Muslime

Jeder Muslim übernimmt fünf Pflichten, die im Koran genannt werden:
Die erste Pflicht ist das Glaubensbekenntnis: „Es gibt keinen Gott außer Gott (Allah), und Mohammed ist der Gesandte Gottes." Dieses Bekenntnis ist die Grundlage des islamischen Glaubens.
Die zweite Pflicht ist das Gebet. Es hat eine feste Form und wird fünfmal am Tag gesprochen: bei Sonnenaufgang, mittags, nachmittags, bei Sonnenuntergang und am späten Abend.
Die dritte Pflicht ist das Fasten im Monat Ramadan. Von Sonnenaufgang bis Sonnenuntergang nehmen Muslimen weder Speise noch Trank zu sich. Nachts wird das Fasten gebrochen.
Die vierte Pflicht ist eine Steuer. Das eingenommene Geld kommt denen zugute, die wirklich Hilfe brauchen.
Die fünfte Pflicht ist die Pilgerfahrt nach Mekka. Einmal im Leben sollte jeder Muslim nach Mekka zur Kaaba aufbrechen. Hier erlebt jeder, wie groß die islamische Welt ist, zu der er gehört. Die Pilger umrunden die Kaaba siebenmal. Sie beten: „O mächtiger Allah, diese Moschee ist deine Moschee. Dieser Friede ist dein Friede. Dieser Knecht ist dein Knecht."

Oben: Ein Mädchen beim täglichen Pflichtgebet
Rechts: Mekka-Pilger in der Ebene Arafat

Die Blaue Moschee in Istanbul

Waschung am Brunnen der Moschee

Die Moschee

Die Moschee ist das Haus, in dem sich die muslimische Gemeinde versammelt und betet. Auf arabisch heißt Moschee „Ort, an dem man sich niederwirft". Moscheen gibt es in vielen Ländern der Welt. In Afrika sehen sie anders als in der Türkei. In den arabischen Ländern sind die Moscheen oft alte, herrliche Bauten. In Europa sind diese Bauten unauffällig; manchmal stehen sie im Gewerbegebiet oder zwischen Geschäftshäusern. Hier gibt es Moscheen erst seit jüngerer Zeit, seitdem viele Muslime bei uns arbeiten und leben.
In einer Moschee ist der wichtigste Raum der Gebetssaal. Die Wand, die nach Mekka, also nach Osten gerichtet ist, heißt Qibla. Sie wird gekennzeichnet durch eine Nische, die Mihrab heißt.

Viele Moscheen haben einen Vorhof. Dort befindet sich ein Brunnen oder Wasserbecken, an dem die Gläubigen sich waschen, bevor sie zum Gebet gehen. Sie ziehen ihre Schule aus und betreten die Moschee barfuß. Eine Moschee hat weder Bänke noch Stühle. Der Raum ist oft mit schönen Teppichen ausgelegt. Die Menschen sitzen auf dem Fußboden.
Es gibt auch keine Bilder oder Statuen, nur Verse des Koran schmücken die Wände in der schönen arabischen Schrift.

Gebet in der Moschee von Damaskus

Zum Gottesdienst wird vom Minarett gerufen. Das tut der Muezzin mit den Worten: „Kommt her zum Gebet! Allah ist groß, es gibt keinen anderen Gott außer Allah!" Der Ruf ergeht heute fast nur noch durch Lautsprecher vom Minarett. Eine Dorfmoschee hat gewöhnlich nur ein Minarett. Große Moscheen können zwei, vier oder gar sechs Minarette haben.
Der Vorbeter beim Gottesdienst heißt Imam. Er leitet das Gebet und predigt. Der Hauptgottesdienst findet nicht am Sonntag sondern am Freitag statt. Priester und Bischöfe gibt es nicht im Islam; es gibt Religionslehrer und Rechtsgelehrte. Die Moschee ist keine Kirche, sondern ein Ort, an dem Muslime zusammenkommen. Man kann die Moschee auch besuchen, um den Koran zu studieren oder um alleine zu beten.

Ein türkischer Imam predigt auf der Kanzel im Freitagsgottesdienst

Symbolverständnis: Von außen und von innen sehen

Nicht dann
sehen wir eine Rose,
nehmen wir eine Rose wahr,
wenn wir sie unter
die Lupe nehmen.

Unter der Lupe
zerfällt die Rose
in lauter Einzelteile.

Niemandem
wird es einfallen,
wenn er die Rose sehen will,
die Rose auseinander
zu nehmen,
sie zu zerrupfen,
um sie besser
sehen zu können.

Nicht jedes einzelne
Blatt, und dann
die Summe
aller Blätter
ist die Rose.

Die Rose
ist die Rose
in ihrer vollen Gestalt.
Diese volle Gestalt
kann von vielen Seiten
gesehen werden,
zu verschiedenen
Zeiten:
als Knospe,
als aufspringende Knospe,
als langsam
aufblätternde Rose,
als Rose,
deren Blätter fallen,
Blatt um Blatt,
als Rose am Morgen,
wenn Tautropfen
auf ihr liegen,
als Rose am Mittag
in heißer Sonnenglut,
als duftende Rose,
als Rose,
die man mir schenkte,
als Rose,
die ich verschenke,
an der Liebe haftet.

Alles in eins sehen,
was sich in der Zeit
enthüllt,
das heißt sehen.

Wilhelm Willms

Von außen und von innen sehen

Man kann eine Sache von außen und von innen betrachten.

Von außen sehen heißt: genau beobachten, vergleichen, zählen, messen …
Ein Mikroskop, eine Lupe, ein Fernrohr, ein Fotoapparat helfen dabei.

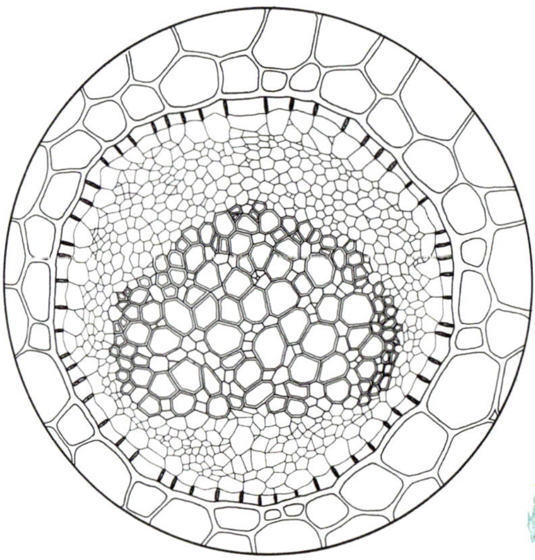

Von innen sehen heißt: ruhig werden, schweigen, mit dem Herzen sehen. Man braucht keine Geräte dazu. Nicht einmal eine Brille.

Man kann Steine, Blumen, Bäume, Tiere … die ganze Welt von außen und von innen sehen. Wer sie von außen studiert, wird tüchtig und erfahren. Wer sie auch von innen sieht, lernt sie lieben und verstehen.

Auch Menschen kann man von außen und von innen sehen.

Dies ist Thomas Fischer.
Er lebt im Ausland.
Wenn er seine Eltern besuchen will, kontrollieren ihn die Zöllner manchmal sehr genau.
Sie überprüfen Augenfarbe, Größe und Alter.

Wenn Thomas daheim ankommt, empfangen ihn die Eltern sehr herzlich.
Die Mutter schaut ihn prüfend an: „Thomas", sagt sie manchmal, „bist du auch glücklich? Fühlst du dich in deinem Beruf wohl?"

Wenn Thomas traurig ist, kann er es vor seiner Mutter nicht verstecken, auch nicht hinter seinem Lachen.
„Du hast traurige Augen", sagt sie dann. „Was ist geschehen?"

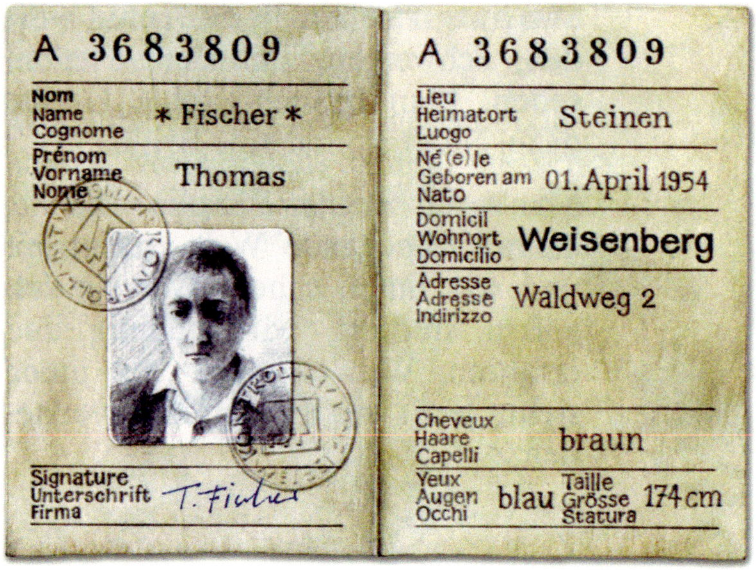

Ich kenne eine Malerin, eine ganz bedeutende Porträtmalerin. Sie beschäftigt sich in ihren Zeichnungen und Gemälden mit dem Gesicht der Menschen.
Sie sagte mir: „Wenn ich die ersten Zeichnungen mache, dann sind die Gesichter alle ziemlich maskenhaft. Jeder würde sagen: ‚ja, das ist sie'; oder: ‚das ist er …', aber im Grunde sind die ersten Zeichenversuche noch an der Oberfläche."
Die Malerin tastet sich mit dem Zeichenstift allmählich durch die Oberfläche, durch die Maske des Gesichtes, hinter die Fassade, und bald löst sie sich von dem bloßen Abzeichnen, und es kommt etwas ganz Neues ins Bild, etwas zunächst Verborgenes
Sie sagt: „Ich muss mit dem, den ich zeichne, eine Zeit umgehen." Dann entdeckt sie sein wirkliches Gesicht.

Wenn das Bild fertig ist, sagen manche:
„Das ist fremd."
„Das ist nicht getroffen!"
„Das ist nicht die Frau Müller!"
Aber die sie gut kennen, die sagen: „Doch, das ist sie ganz genau. So ist sie. So kennen wir sie!"

Diese Malerin hat viele berühmte Clowns gemalt. Sie ist dann sehr oft in den Zirkus gegangen, „hinter die Kulissen", hat mit den Clowns lange gesprochen und am Ende kam etwas Großartiges oder Beängstigendes heraus.
Nicht die Clownsmaske, sondern etwas von seinem Inneren, und das war nicht der lustige Clown, sondern ein trauriger Clown, ein hin und her gerissener Clown, einer, dem das Weinen näher war als die Lustigkeit und das Lachen.

Nichts ist nur so,
wie es die Kamera sieht,

und keiner weiß
von außen,

was tief im Grund
geschieht.

Auch diese Bilder malen nach außen, was nur innerlich wahrnehmbar ist: Wie zeigen sich „die wunderbaren Sachen, die der Mann nicht sehen kann"? Wie versteht ihr den „Korb" mit den seltsamen Dingen drin?

Welches Tier gehört zu wem? Was verraten Kuh und Truthahn von der inneren Art dieser Frau und dieses Mannes?

Es gibt viele andere Weisen, zu sehen und zu hören. Erinnert euch: Die Leute, die den kranken Mann im Bett des Landgrafen Ludwig entdeckten, sahen ihn mit Allerweltsaugen.
Als aber der Landgraf heimkehrte, so erzählt die Legende, „öffnete ihm Gott die inneren Augen, und er sah den gekreuzigten Christus".

Was ist wirklich?

Das Holzpferd lebte länger im Kinderzimmer als irgendjemand sonst. Es war so alt, dass sein brauner Stoffüberzug ganz abgeschabt war. Es war in Ehren alt und weise geworden.
„Was ist wirklich?“, fragte eines Tages der Stoffhase, als sie Seite an Seite lagen.
„Wirklich“, antwortete das Holzpferd, „ist nicht, wie man aussieht. Es ist etwas, was einem geschieht. Wenn ein Kind dich liebt für eine lange, lange Zeit, nicht nur, um mit dir zu spielen, sondern wenn es dich wirklich liebt, dann wirst du wirklich.“
„Tut es weh?“, fragte der Hase.
„Manchmal“, antwortete das Holzpferd. „Wenn du wirklich bist, dann hast du nichts dagegen, dass es weh tut.“
„Geschieht es auf einmal, so wie wenn man aufgezogen wird?“
„Es geschieht nicht auf einmal“, sagte das Holzpferd. „Du wirst. Es dauert lange. Das ist der Grund, warum es nicht oft an denen geschieht, die leicht brechen oder die schön gehalten werden müssen. Im Allgemeinen sind dir, wenn du wirklich geworden bist, die Augen ausgefallen; du bist wacklig und sehr hässlich. Aber diese Dinge sind überhaupt nicht wichtig, denn wenn du wirklich bist, kannst du nicht hässlich sein, ausgenommen in den Augen von Leuten, die keine Ahnung haben.“
„Ich glaube, du bist wirklich“, meinte der Stoffhase. Und dann wünschte er, er hätte das nicht gesagt – das Holzpferd könnte empfindlich sein. Aber das Holzpferd lächelte nur.

Ich geh durch das Dorf.
Jeder Ort
ist Mitte der Welt.
Da, dort.

Hier.
Behutsam wandert
ein Kätzlein,
bleibt stehn,
schaut mich an,
legt sich auf die Seite,
zeigt mir,
wo es gekrault sein will.

Du, du.
Du kleinwinzige
Mitte
der Welt.

Josef Guggenmos

Was ist ein Symbol?

Ein Tisch ist ein Tisch. So sagt man. Aber ist es so eindeutig? Im Lexikon steht: „Tisch: Möbel aus waagerechter Platte auf mehreren Beinen." Ist das alles?
Ein Tisch ist mehr als ein Tisch. Hier trifft sich die Familie. Gäste kommen und nehmen Platz am Tisch. An einem Tisch miteinander zu essen, verbindet alle miteinander.
Der Tisch ist die Mitte des Hauses: Symbol der Gemeinsamkeit.
Sachen sind Sachen. Man kann sie zählen, messen, fotografieren. Für Sachen gibt es Kaufhäuser. Man kann sie ersetzen.
Manche Sachen aber sind unersetzlich. Etwa wenn sie an Vater und Mutter, an Freunde, an besondere Erlebnisse erinnern. Der Teddybär, die alte Puppe sind auch unersetzlich. Man kann sie nicht gegen neue aus dem Kaufhaus eintauschen.
Sachen hören auf, nur Sachen zu sein, wenn sie Menschen verbinden, an Menschen erinnern, von Glück und Liebe sprechen. Dann bergen sie ein Geheimnis oder eine innere Wirklichkeit. Solche Sachen werden zu Symbolen.
Auch Handlungen können Symbole sein: Die Hand eines anderen halten, ein Kuss, eine Umarmung sind Symbole der Liebe. In Symbolen sprechen wir zueinander von dem, was uns zutiefst verbindet. Symbole sagen das Unsagbare. Symbole verbinden uns mit der Wirklichkeit hinter der Sachenwelt.

Wer Symbole
verstehen lernt,
geht von außen
nach innen,
von der Oberfläche
in die Tiefe,
von der Schale zum Kern.

Von meinem Bruder habe ich vor seinem Tod einen kleinen blauen Elefanten geschenkt bekommen. Jetzt sitzt er jeden Tag auf meinem Bett und wartet, bis ich nach Hause komme. Wenn ich traurig bin, tröste ich mich mit ihm. *Marion*

Was ist Brot?

Täglich essen wir Brot. Schwarzbrot. Weißbrot. Graubrot. Bauernbrot. Kümmelbrot. Knäckebrot. Rosinenbrot. Stangenbrot.
So viel Brot! Was ist Brot? Was ist Brot wirklich?
Weiß einer nicht, woher das Brot kommt? Es ist Brot der Erde: von unseren Feldern, von unserer Arbeit, für unser Leben.
Aber wer weiß schon, was Brot ist?
Weiß es der Satte, der mehr hat, als er essen kann?
Weiß es der Verwöhnte, der Brot gegen Kuchen tauscht?
Weiß es der Hungernde, der die Mülltonnen der Reichen durchsucht?
Was ist Brot wirklich?
Brot heißt alles, was Menschen zum Leben brauchen. Brot sind Vater und Mutter. Brot sind Brüder und Schwestern. Brot sind die Freunde. Brot ist Nehmen und Geben, die Arbeit des Tages und der Schlaf der Nacht.
Brot können wir auch einander sein. Unser Wort – Brot für jedermann. Unser Lachen – Brot für Eltern und Lehrer, für Bekannte und Unbekannte. Unsere Tat – Wer braucht sie brotnötig? Sind wir wirklich Brot?
Es gab einen, der ganz Brot war für den Hunger der Menschen. Sein Wort ist immer noch Brot für jeden Tag. Werktagsbrot. Schulbrot.
Er hat alle an seinen Tisch gerufen. Er ist selbst das Brot, das Leben gibt, das Frieden stiftet, das Fremde zu Brüdern macht. Wer nimmt dieses Brot wirklich?

Wenn du dieses Brot isst, wenn du Jesus ganz in dich aufnimmst, in dein Denken und Fühlen, dann hast du neues Leben: wirkliches Leben.

Bei einem Kirchentag habe ich ein Experiment gemacht: Ich habe Senfkörner verteilt, winzig kleine Perlen. Ich habe die Vorübergehenden in einem ungeheuren Gedränge angesprochen:
„Darf ich Ihnen etwas Schönes geben?"
Misstrauische Blicke, zögerndes Stehenbleiben, denn vieles wurde hier angeboten.
„Halten Sie die Hand auf!"
Zögern.
„Ja bitte, halten Sie die Hand auf!"
Schließlich hielten einige die Hand hin.
Da habe ich mit spitzen Fingern ein Senfkörnchen in die offene Hand gelegt und gesagt:
„Das Reich Gottes ...", nach einer Pause, „ ... ist gleich einem Senfkörnchen!"
Da gingen die Gesichter auf, ein Lächeln wurde sichtbar, ein Verstehen, ein Fühlen, nicht ein Begreifen, denn das Senfkorn lässt sich nicht begreifen. Es ist zu klein.

Auch diese Geschichte ist nicht zu begreifen. Ihr müsst sie selbst erfahren.

Das Gleichnis vom Senfkorn

Da geht ein Mann in eine große Menschenmenge und erzählt diesem und jenem das Gleichnis vom Senfkorn neu. Und weil die meisten noch nie ein Senfkorn gesehen haben, legt er ihnen eins in die hohle Hand. Die erinnern sich alle an die Geschichte:

Das Reich Gottes gleicht einem Senfkorn,
das ein Mensch nahm und auf seinen Acker säte.
Dieses ist zwar kleiner als alle anderen Samenarten,
wenn es aber herangewachsen ist,
so ist es größer als die Gartengewächse
und wird ein Baum,
so dass die Vögel des Himmels kommen
und in seinen Zweigen nisten. *Matthäus 13,31-32*

Eine Frau kam zurück und bat mich:
„Geben Sie mir bitte noch einmal das Senfkörnlein, und sagen Sie noch einmal, was Sie gestern dabei gesagt haben; genauso bitte, es war so schön!"

Ein anderer fragte: „Was mache ich jetzt damit?"
„Lassen wir das Senfkörnlein in uns aufgehen, dann sind wir das herumgehende Reich Gottes."

Als die Leute so ein kleines Ding wie das Senfkörnlein in die Hand nahmen, sahen sie, wie behutsam sie sein müssen, um das Reich Gottes nicht zu verfehlen. Sie erlebten aber auch, wie wirklich es ist, denn es geht um sie selbst.

„Aus diesem winzigen Samen wächst die größte aller Gartenstauden. Das ist ein Hoffnungszeichen."

Weitere Gleichnisse

Es gibt kleine und große Gleichnisgeschichten. Die allerkleinsten sind nicht einmal richtige Geschichten, sondern „Bildworte“ (Metaphern) und bildliche Redensarten. Es ist nicht schwer, aus ihnen ein richtiges Gleichnis zu entwickeln. Versucht es einmal:

Denkt an den Mann, der mit dem Kopf durch die Wand will:

- Erzählt, wann für euch eine solche Situation zutrifft.
- Erfindet eine Szene, wo jemand ohne Verstand seinen „Kopf durchsetzen“ will.
- Denkt euch für diesen Menschen eine Geschichte aus, die ihm zeigt, wie „verbohrt“ er ist.

Aus dem Wort „Die Großen fressen die Kleinen“ hat Leo Lionni die Geschichte von Swimmy entwickelt.

- Kennt ihr diese Geschichte?
- Sprecht über „Swimmy“ und sucht eine Situation, zu der dieses Gleichnis passt.
- Spielt diese Situation.

Den Keim zu einem Gleichnis enthält auch das Sprichwort: „Wer die Milch verschüttet, kann nicht alles wieder aufkratzen.“

- Es ist nicht schwer, eine Geschichte zu erfinden, die dieses Erfahrung darstellt.
- Spielt diese Geschichte.

Auch die nebenstehenden Jesus-Gleichnisse könnt ihr spielen. Euer Spiel muss nicht zeigen, wie Sauerteig aufgeht oder wie die Saat wächst. Überlegt, für welchen Fall diese Gleichnisse „den Nagel auf den Kopf treffen“. Erfindet Geschichten, für die das Gleichnis „ein goldener Schlüssel“ ist:

Mit dem Reich Gottes ist es wie mit dem Sauerteig, den eine Frau unter einen großen Trog Mehl mengte, bis das Ganze durchsäuert war.

Matthäus 13,33

Was meint ihr?
Wenn jemand hundert Schafe hat und eines von ihnen sich verirrt, lässt er dann nicht 99 auf den Bergen zurück und sucht das verirrte? Und wenn er es findet – amen, ich sage euch: er freut sich über dieses eine mehr als über die 99, die sich nicht verirrt haben.

Matthäus 18,12-14

Mit dem Reich Gottes ist es wie mit einem Schatz, der in einem Acker vergraben war. Ein Mann entdeckte ihn, grub ihn aber wieder ein. Und in seiner Freude verkaufte er alles, was er besaß, und kaufte den Acker.

Matthäus 13,44

Mündliche Überlieferung

Als Abraham lebte, gab es noch keine Schrift. Was wichtig war und nicht vergessen werden durfte, musste von Generation zu Generation erinnert und immer wieder neu erzählt werden. Als Abrahams Nachkommen später in Ägypten waren, lernten sie dort frühe Schriftzeichen kennen. Aber es dauerte noch Jahrhunderte, bis man in Israel Erinnerungen und Geschichten mit einer Buchstaben-Schrift aufschreiben konnte.

Es gab begabte Erzähler, die viele Geschichten kannten. Ihnen hörten alle gerne zu. Sie mussten ihre Geschichten unverändert weitergeben, Wort für Wort. Ihre Zuhörer achteten darauf, dass nichts vergessen oder verfälscht wurde. So kam es, dass Geschichten, die allen wichtig waren, über Jahrhunderte bewahrt blieben.

Es gab aber auch eine Erzählung, die viele Geschichten zusammenfasste. Diese Erzählung gaben die Eltern an ihre Kinder weiter. Jeder in Israel sollte wissen, woher er kam und worauf er vertrauen durfte:

„Wenn dich deine Kinder heute oder morgen fragen", hieß es, „so sollst du ihnen sagen:
Mein Vater war ein heimatloser Aramäer. Er zog nach Ägypten, lebte dort als Fremder mit wenigen Leuten und wurde dort zu einem großen, mächtigen und zahlreichen Volk. Die Ägypter behandelten uns schlecht, machten uns rechtlos und legten uns harte Fronarbeit auf. Wir schrien zum Gott unserer Väter, und der Herr erhörte unser Schreien und sah unsere Rechtlosigkeit, unsere Arbeitslast und unsere Bedrängnis. Er führte uns mit starker Hand und hoch erhobenem Arm, unter großen Schrecken, unter Zeichen und Wundern aus Ägypten. Er brachte uns an diese Stätte und gab uns dieses Land, in dem Milch und Honig fließen."

Deuteronomium 26,5-9

Meine Worte sollt ihr auf euer Herz und auf eure Seele schreiben. Ihr sollt sie als Zeichen um das Handgelenk binden. Sie sollen zum Schmuck auf eurer Stirn werden. Ihr sollt sie eure Söhne lehren, indem ihr von ihnen redet, wenn du zu Hause sitzt und wenn du auf der Straße gehst, wenn du dich schlafen legst und wenn du aufstehst.

Deuteronomium 11,18 f.

Schreiber wurden gewöhnlich sitzend mit untergeschlagenen Beinen dargestellt. Auf den Knien liegt eine Papyrusrolle.

Ein Mann wandert mit seinem Sohn in die Hauptstadt. Der Vater heißt Cheti, der Sohn Pepi. Sie kommen von weit her. Der Vater will Pepi zum „Ort der Lehre der Schriften" bringen.
Arbeitern und Handwerkern geht es schlecht, sagt er – der Maurer arbeitet ohne Hemd, seine „Arme stecken im Lehm, seine Kleider sind beschmiert, sein Brot isst er mit ungewaschenen Fingern".
Schreibern dagegen geht es gut. Sie werden nicht geprügelt, nicht zum Frondienst geholt. Der Pharao sorgt für sie. „Ein Schreiber ... leidet keine Not", heißt es, seine Schriftrollen „sind ein Boot auf dem Wasser".

Schriftliche Überlieferung

Als Israel im Lande Kanaan zu einem Volk geworden war und einen König hatte, brauchte der König Schreiber. Sie sollten Steuern und Abgaben notieren und den Schriftwechsel mit anderen Völkern führen. In Ägypten gab es schon lange solche Schreiber. Jeder königliche Beamte begann seine Laufbahn als Schreiber. Ein Schreiber musste mit den „Weisheitslehren" des Landes vertraut sein, Ortskenntnisse haben und über Feste und Bräuche Bescheid wissen. Als neben den Beamten des Königs auch die Tempelpriester und andere Menschen zu schreiben lernten, begann man an verschiedenen Orten alte mündliche Überlieferungen aufzuschreiben. Es entstanden kleine und größere Sammlungen verschiedenartiger Texte. Aber solange in Israel Könige herrschten, gab es noch keine „Heilige Schrift", aus der bei Gottesdiensten gelesen wurde.

Dieser Schreiber benutzt das Ohr, um sein Schreibgerät griffbereit zu haben.

Diese Schrift entstand erst, nachdem Jerusalem und der Tempel im Jahre 576 v. Chr. von den Babyloniern zerstört worden waren. Die Gebildeten des Volkes wurden an die Flüsse Babylons verbannt und begannen dort, ihre alten Traditionen zu überdenken. Sie sammelten schon vorhandene Schriften und überarbeiteten sie. Schließlich fügte man die neu durchdachten Texte zu einer Schrift zusammen. So entstand in den Jahrzehnten vor und nach 500 v. Chr. jenes Werk, das wir heute die Tora, die „Fünf Bücher Mose", nennen. Nachdem alle aus Babylon in die Heimat zurückkehren durften und der Tempel wieder errichtet war, teilte man die Tora in 54 Abschnitte, um sie von Sabbat zu Sabbat innerhalb eines Jahres zu lesen. Als später überall im Lande Synagogen entstanden, durfte sich jeder jüdische Mann an dieser Lesung beteiligen.

Jesus kam nach Nazaret, wo er aufgewachsen war, und ging, wie gewohnt, am Sabbat in die Synagoge. Als er aufstand, um aus der Schrift vorzulesen, reichte man ihm das Buch des Propheten Jesaja. Er schlug das Buch auf und fand die Stelle, wo es heißt: „Der Geist des Herrn ruht auf mir. Er hat mich gesandt, damit ich den Armen eine gute Nachricht bringe; damit ich den Gefangenen Entlassung verkünde und den Blinden das Augenlicht …"
Dann schloss er das Buch, gab es dem Synagogendiener und setzte sich. Die Augen aller in der Synagoge waren auf ihn gerichtet …

Lukas 4,16-20

Schreibgerät und Papier

Für lange Texte benutzte man Pinseln oder Rohrfedern aus harten Gräsern. Für die Pinsel wurden etwa 20 cm lange Stiele an einem Ende schräg angeschnitten. Dann kaute man die Spitze, bis die Fasern einen Pinsel bildeten.

Oben: Herstellung eines Binsenpinsels
Unten: Rohrfedern

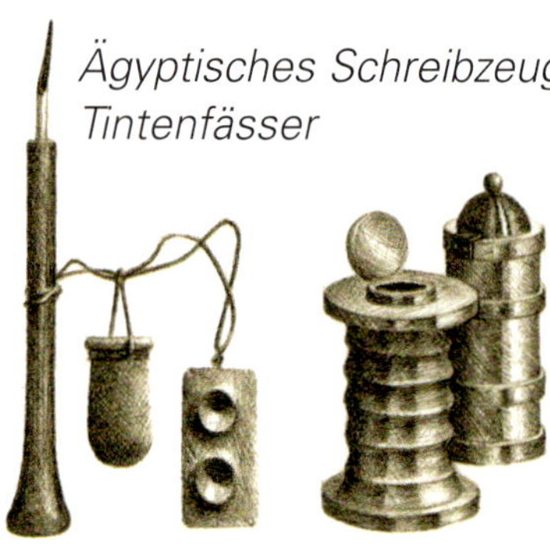

Ägyptisches Schreibzeug, Tintenfässer

Geschrieben wurde gewöhnlich auf Papyrus. Papyrusschilf wächst im Wasser. Die armdicken Stängel werden 3 bis 5 m hoch. Die Ägypter bauten aus Papyrus Boote und Hütten. Aus den Fasern der Außenhaut machten sie Seile und Segel.

Die Entstehung der Schrift

Von den ersten Bildzeichen bis zur Buchstabenschrift war ein langer Weg. Anfangs konnte man Worte nur in Bilderfolgen darstellen.

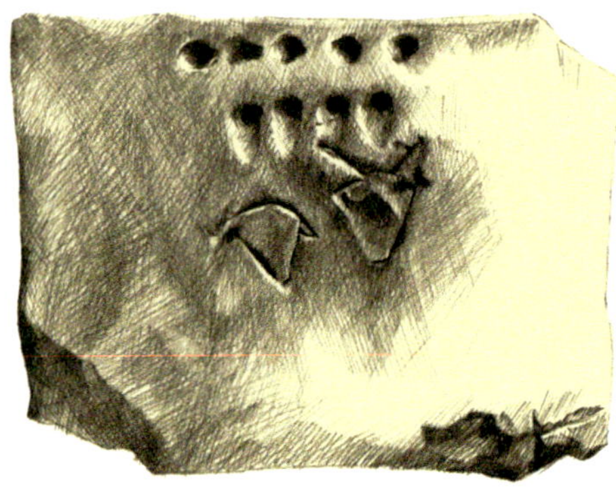

Diese Tontafel ist 5000 Jahre alt. Auf ihr steht zu lesen: „54 Kühe und Stiere".

Die Felszeichnung eines Indianers warnt den Reiter: Nur Bergziegen können diesen Pfad gehen.

Auch die Ägypter benutzten eine Bilderschrift. Jedes Zeichen bedeutete ein bestimmtes Wort oder eine Silbe. Nur wenige Leute konnten die vielen Zeichen lesen und schreiben.

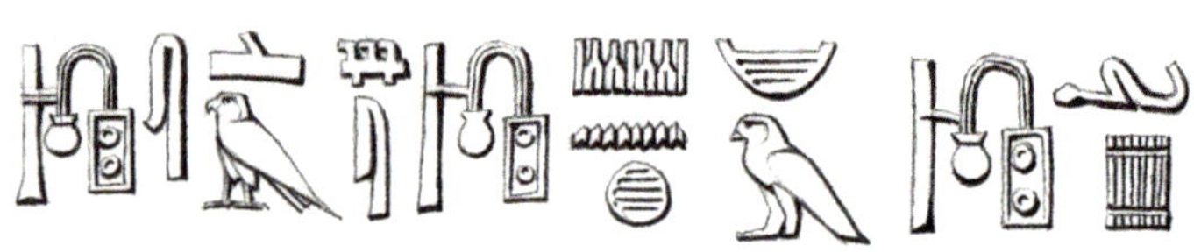

Die Ägypter nannten ihr Schriftzeichen „Gottesworte". Heute heißen sie Hieroglyphen, das bedeutet „Heilige eingemeißelte Zeichen".

Eine großartige Idee änderte alles: Statt der Bildzeichen versuchte man die Sprachlaute aufzuschreiben. Sie zählten die verschiedenen Laute, die sie beim Sprechen hörten. Es waren kaum zwei Dutzend. Hätten sie Zeichen für diese Zeiten, so ließe sich damit alles aufschreiben! Die vielen hundert Bildzeichen wären mit einem Schlag überflüssig.

Sie wählten kurze Wörter mit verschiedenen Anfangslauten, für jeden Laut ein Wort. Hier sind vier Beispiele:

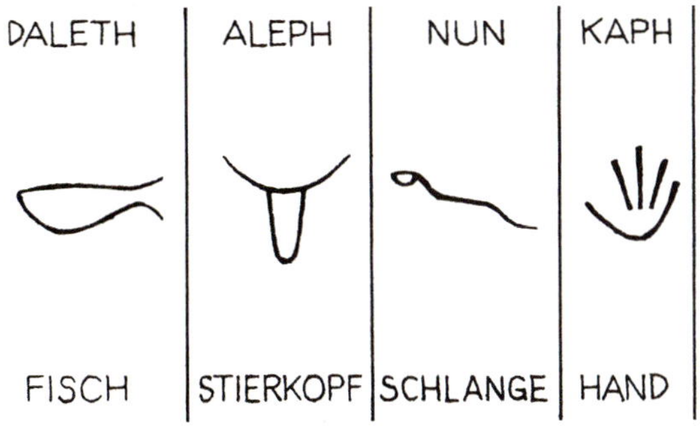

Zu diesen Wörtern waren die Bildzeichen leicht zu merken; doch jetzt galten die Bildzeichen nur noch für die Anfangslaute:

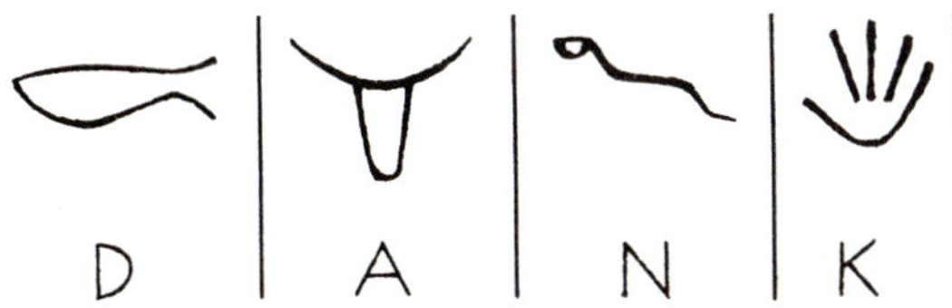

Diese Bildzeichen ließen sich nun zu verschiedenen Wörtern zusammensetzen.

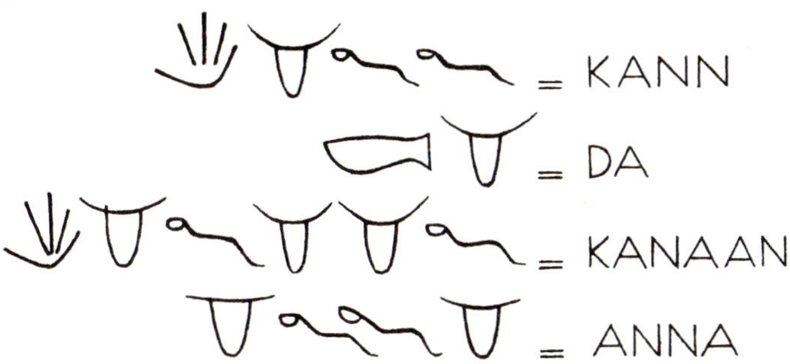

Die Menschen vereinfachten die Bildzeichen, um sie bequemer schreiben zu können:

Andere Völkern lernten die kostbaren Zeichen kennen. Sie veränderten ihre Form:

Die ursprüngliche Bedeutung der Bildzeichen ging verloren.

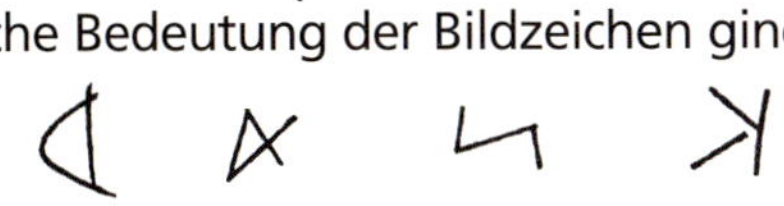

Dann kehrten die Griechen die Schreibrichtung und die Buchstaben um:

Das Mark diente zur Herstellung von Schreibblättern. Das Wort Papier kommt von Papyrus. Um aus dem Schilf beschreibbares „Papier" zu gewinnen, wurde das frische Papyrusmark in etwa 40 cm lange Streifen geschnitten. Diese legte man, leicht überlappend, zu Blättern zusammen. Auf eine erste Schicht

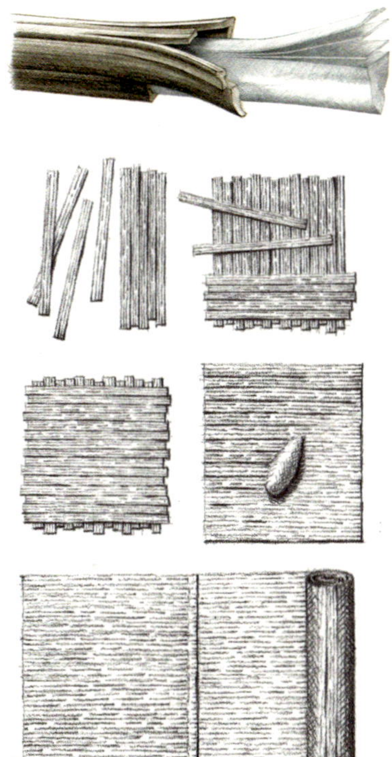

senkrecht gestellter Streifen kam eine zweite, waagerechte Schicht. Die Blätter wurden gepresst und an der Sonne getrocknet. Dann schnitt man die Kanten gerade und glättete die Oberfläche mit einer Muschel oder einem Stück Elfenbein. Etwa zwanzig Blätter wurden zu einem Band zusammengeklebt und mit der Schreibfläche nach innen aufgerollt.

Die Synagogenschule

In Israel gingen nur Jungen zur Schule. Schon als kleine Buben lehrte sie ihr Vater zu Hause. Für manche begann die Schulzeit schon mit vier oder fünf Jahren. Es gab nur ein einziges Schulbuch: die Tora. Sie stand im Mittelpunkt des Unterrichts. Mit acht oder neun Jahren konnten begabte Kinder schon große Teile der Tora und der Prophetenschriften auswendig. Damals las Jung wie Alt immer laut, damit das Gelesene tief in den Menschen eindrang und ihn ein Leben lang erfüllte.
Besonders gute Schüler durften in Lehrhäusern weiter studieren. Sie lebten dann in Gemeinschaft mit ihrem Lehrer, den sie Rabbi nannten, und der sie zu Gelehrten der Schrift heranbildete.

Jungen wurden etwa vom vierten Lebensjahr an in den Cheder (die Grundschule) aufgenommen. Sie lasen die Tora und lernten die Erklärungen dazu kennen.
Es gab so viel zu lernen und so viel zu besprechen.

Rabbi Elieser hatte einen Schüler, der im Flüsterton lernte. Aber nach drei Jahren hatte er das Gelernte vergessen. Darum merke: Tu deinen Mund auf und lies: tu deinen Mund auf und lerne, damit dir dein Lernen erhalten bleibe.

Rabbi Chanina sagte: „Viel habe ich von meinen Lehrern gelernt; von meinen Kollegen mehr als von meinen Lehrern; von meinen Schülern mehr als von ihnen allen."

Rabbi Simon sagte: „Wenn drei an einem Tisch essen und sich dabei über Worte der Tora unterhalten, so ist es, als hätten sie vom Tisch Gottes gegessen."

Im Cheder, der biblischen Grundschule, wurde „die Saat der Gelehrsamkeit" gesät und die jüdische Überlieferung immer wieder neu durchdacht. – Die Fotos zeigen jüdische Jungen im Jahr 1937, wenige Jahre bevor Hitler-Deutschland das europäische Judentum ermordete.

Text-/Liedverzeichnis

4 Bernd Lunghard, in: Hans-Joachim Gelberg (Hg.), Großer Ozean. Gedichte für alle. Beltz & Gelberg, Weinheim-Basel 2000, S. 12. Originaltitel: Gedichtbehandlung.
14 (l.) Nach Wilhelm Willms, aus der luft gegriffen, Butzon & Bercker, Kevelaer 3/1981, S. 166f.
16 Bearbeitet nach: Die Schrift, 4 Bände. Übersetzt von Martin Buber und Franz Rosenzweig, Lambert Schneider Verlag, Bd. 1: Die fünf Bücher der Weisung, S. 32.
21 (l.) Bearbeitet nach: a.a.O., Bd. 2: Bücher der Geschichte.
(r.) Nach Wilhelm Willms, a.a.O., S. 173.
34-35 Nach Wilhelm Willms, a.a.O., S. 193ff.
36-38 Knud Rasmussen, Die Gabe des Adlers, Eskimoische Märchen aus Alaska, übers. von Änne Schmücker, Frankfurt a. M., o.J., S. 187-190 (gekürzt).
41 (r.) Nach Wilhelm Willms, der geerdete himmel, Butzon & Bercker, Kevelaer 3/1977, S. 8, 14.
68 (l.) Zwölfapostellehre 2. Jh./Gotteslob 373/5.
54-57 In Anlehnung an Edzard Schaper, Die Legende vom vierten König, nacherzählt.
59 (l.) Maurice Sendak, Higgelti Piggelti Pop! Oder Es muss im Leben mehr als alles geben, Diogenes Verlag, Zürich 1969.
(r.) Pablo Neruda, Fragen, in: Ders., Das lyrische Werk, Bd. III, hg. V. Karsten Garscha, Luchterhand Verlag, Darmstadt 1968, 651-689 (Auszüge).
76 (l.) Nach Wilhelm Willms, Von Perle zu Perle, Butzon & Bercker, Kevelaer 1978, S. 19f.
79 Nach Wilhelm Willms, aus der luft gegriffen, a.a.O., S. 16f.
81 (l.) M. Williams, Die Geschichte vom Holzpferd, zit. n. Paul Jacobi (Hg.), Damit unser Leben gelingen kann, Mainz 1981, S. 123. Rechteinhaber unbekannt.
(r.) Josef Guggenmos, in: Hans-Joachim Gelberg (Hg.), Großer Ozean. Gedichte für alle. Beltz & Gelberg Verlag, Weinheim-Basel 2000, S. 78.
84 (l./r.) Nach Wilhelm Willms, Von Perle zu Perle, a.a.O., S. 17f.

Abbildungsverzeichnis

Umschlagabbildung: Arcabas (Jean-Marie Pirot), Emmaus-Zyklus. © VG Bild-Kunst, Bonn 2010.

2 (l.) s. S. 8.
(M.l.) s. S. 11.
(r.)s. S. 45.
3 (l.) s. S. 52.
(M.r.) s. S. 89.
(r.) s. S. 92.
(u.) Kurt Federlin, Frankfurt a. M.
4 (o.) Nikolaus Heidelbach, aus: Hans-Joachim Gelberg, Großer Ozean. Gedichte für alle. © 2000 Beltz & Geldberg in der Verlagsgruppe Beltz, Weinheim & Basel.
7 Abb. Aus: Göran Burenhult, Menschen der Urzeit. Die Frühgeschichte der Menschheit von den Anfängen bis zur Bronzezeit. Karl Müller, Köln 2004, S. 116/117, 109.
8 (r.) John Richards, in: ebd., S. 56.
9 (l.) Marc Chagall, Gott erschafft den Menschen. © VG Bild-Kunst, Bonn 2010.
(r.) Aus: Michèle Lemieux, Gewitternacht, © 1996 Beltz & Gelberg in der Verlagsgruppe Beltz, Weinheim & Basel.
10 Foto: Martin Gusinde SVD/Anthropos Institute, St. Augustin.
11 Marc Chagall, Hommage à Apollinaire, 1911-1912. © VG Bild-Kunst, Bonn 2010.
13 Marc Chagall, Das Paradies (Detail). © VG Bild-Kunst, Bonn 2010.
15 Marc Chagall, Abraham empfängt die drei Engel. © VG Bild-Kunst, Bonn 2010.
17 Marc Chagall, Jacobs Traum, 1976. © VG Bild-Kunst, Bonn 2010.
19 Marc Chagall, Mose vor dem brennenden Dornbusch. © VG Bild-Kunst, Bonn 2010.
20 Marc Rothko, Gelb und Gold, 1956. © Kate Rothko-Prizel & Christopher Rothko/VG Bild-Kunst, Bonn 2010.
21 (o.) Richard Seewald, Elija. © Richard und Uli Seewald Stiftung, Ascona.
(u.) Toni Zenz, Der Hörende, Pax Christi Kirche Essen, Foto: Hartmut Vogler, Ratingen.
22 Marc Chagall, Bund am Sinai. © VG Bild-Kunst, Bonn 2010.
23 Marc Chagall, Mose empfängt die Gesetzestafeln. © VG Bild-Kunst, Bonn 2010.
25 Otto Pankok, Die Bergpredigt, 1936. © Otto-Pankok-Museum, Hünxe.
26 Max Liebermann, Der barmherzige Samariter, 1911. © VG Bild-Kunst, Bonn 2010.
27 Pablo Picasso, Wissenschaft und Nächstenliebe, um 1890. © Succession Picasso/VG Bild-Kunst, Bonn 2010.
31 Ernst Alt, „Um die vierte Nachtwache" – Petrus steigt aus dem Boot, 1976. © beim Künstler.
32 Pieter Bruegel i. Ä., Caritas (Ausschnitt).
32-33 Vincent van Gogh, Weizenfeld mit Blick auf Arles, 1888.
33 Oskar Kokoschka, Christus hilft den hungernden Kindern, 1945. © VG Bild-Kunst, Bonn 2010.
34-35 Weihnachtsessen für Obdachlose in Santa Maria Trastevere in Rom of Initiative der Gemeinschaft Sant'Egidio. © Marco Pavani.
36 HAP Grieshaber, Adlermensch, 1975. © VG Bild-Kunst, Bonn 2010.
37 Kurt Federlin, Frankfurt a. M.
38 HAP Grieshaber, Vogelfrei, 1951. © VG Bild-Kunst, Bonn 2010.
39 HAP Grieshaber, Plakat zum Jubiläum 500 Jahre Universität Tübingen 1976. © VG Bild-Kunst, Bonn 2010.
40 (o.) Der Prato-Meister, Ungläubige, Prato, Dom, Himmelfahrtskapelle.
(u.)Andrea di Cione, genannt Orcagna, Die Blinden und die Lahmen. Florenz, S. Croce.
41 Simone Martini, Musikanten, Ausschnitt aus: Der Ritterschlag des heiligen Martin. Assisi, S. Francesco, Unterkirche.
42 Hieronymus Bosch, Der verlorene Sohn. Museum Boymans-van Beuningen, Rotterdam.
43 Rembrandt, Die Heimkehr des verlorenen Sohnes, um 1669. Eremitage. Leningrad.
44 Rembrandt, Christus und die Ehebrecherin, um 1658. Nationalmuseum Stockholm.
45 Max Beckmann, Christus und die Sünderin, 1917. © VG Bild-Kunst, Bonn 2010.
46 Salvador Dali, Der Brotkorb – Lieber Tod als Schande, 1945. © Salvador Dalí, Fundació Gala-Salvador Dalí / VG Bild-Kunst, Bonn 2010.
48-49 Sieger Köder, Das Mahl mit den Sündern, 1973. © Sieger Köder.
52 Arcabas (Jean-Marie Pirot), Emmaus. © VG Bild-Kunst, Bonn 2010.
54-57 Celestino Piatti, Zeichnungen zu Edzard Schaper, Die Legende vom vierten König, Patmos/Artemis & Winkler, Düsseldorf 26/2008.
58 Mittelalterlicher Totentanz: Der Herzog, Der Pfarrer, Das Kind, Vom alten Stand.
59 Maurice Sendak, Higgelti Piggelti Pop! Copyright © 1967 by Maurice Sendak. Copyright © 1969 Diogenes Verlag, Zürich.
60 (o.) Rembrandt, Christus, dem Volke vorgestellt, nicht datiert.
(M.u.) KNA-Bild, Frankfurt.

61 (o.) Rembrandt, Christus am Kreuz zwischen den beiden Schächern, 1653.
(M.) © Mauritius-Phototake.
(u.) foto present.
62 Arcabas (Jean-Marie Pirot), Verkündigung an Maria. © VG Bild-Kunst, Bonn 2010.
63 Arcabas (Jean-Marie Pirot), Lukas malt Maria. © VG Bild-Kunst, Bonn 2010.
64 (l.o.) Trelleborg, Patmos Archiv.
(l.M.) Delphi, Patmos Archiv.
(l.u.) Kaaba in Mekka. Foto: Stern/Mehmet Biber.
(r.) Ebene von Firuzabad (Iran). © Georg Gerster.
65 (o.) Ebstorfer Weltkarte, 13. Jh.
(u.) Meister des Hildegardis-Codex, Die wahre Dreiheit in der wahren Einheit, um 1147.
66 Jacob Kramer, der große Versöhnungstag. (Jom Kippur), 1919.
67 Judengasse in Frankfurt a. M.
68 (o.) Dave Bartruff/Corbis
(u.) Quelle unbekannt.
69 (o.) Malcolm Varon.
(u.) David Rubinger/Corbis.
70 (l.o.) Focus/Hamburg.
(l.u.) Christoph & Friends/Das Fotoarchiv, Essen.
(r.) Der Prophet auf dem Berg Hira, Türkei, 16. Jh.
71 (o.) Abdelaziz Frikha.
(u.) Ali Kazuyoshi Nomachi/Focus.
72 (o./u.) Abdelaziz Frikha.
73 (M.) Georg Mühlpointner, München.
(r.) Abdelaziz Frikha.
74 (o.) Anne und Henri Stierlin, Genf.
(u.) Yashynki Zenyoji.
75 (o.) dpa, Frankfurt a. M.
(u.) Wolf Christian von der Mülbe, Dachau.
77 Holzfigur, Asket, aus: Hans Ferdinand Döbler, Kultur- u. Sittengeschichte der Welt, Gütersloh.
78 (u.) Pablo Picasso, Kopf eines jungen Knaben, 7.11.1945. © Succession Picasso/VG Bild-Kunst, Bonn 2010.
79 Pablo Picasso, Maler und strickendes Modell. © Succession Picasso/VG Bild-Kunst, Bonn 2010.
80 (.r.) Elisabeth-Zyklus, Lübeck, Tafel 18.
84 Acker-Senf, Blütenspross, Aribert Jung, Hilchenbach.
85 Philipp Galle, Der gute Hirte (nach Pieter Bruegel), 1565.
88 Aus: Rose-Marie und Rainer Hagen, Ägypten. Menschen – Götter – Pharaonen, Taschen Verlag, Köln 2005, S. 56. © bei den Autoren.
89 Ebd., S. 58.
92 (u.) Roman Vishniak, Verschwundene Welt, Zweitausendeins, © Kindler Verlag, München 1996, S. 7.
93 (u.) Ebd., S. 8

Zugelassen als Lehrbuch für den katholischen Religionsunterricht von den Diözesanbischöfen von Aachen, Berlin, Dresden, Erfurt, Essen, Fulda, Görlitz, Hamburg, Hildesheim, Limburg, Magdeburg, Mainz, Münster, Oldenburg, Osnabrück, Paderborn, Speyer und Trier.

© 2010 Bayerischer Schulbuch Verlag, München
Alle Rechte vorbehalten.
1. Auflage 2010
Druck 13 12 11 10

Bilder: Relindis Agethen
Zeichnungen: Annemarie und Josef Schelbert, Olten
Fotografie: Hartmut Vogler, Ratingen
Satz: Ina Halbfas, Köln

Printed in Germany

ISBN 978-3-7627-02887-0

www.oldenbourg-bsv.de